本书系 2020 年度聊城大学文科科研项目（编号：321022007）、2020 年度聊城大学本科教学改革重点项目（编号：G202007）的研究成果

基于文化的对外汉语教学创新研究

李立冬 ◎ 著

吉林人民出版社

图书在版编目(CIP)数据

基于文化的对外汉语教学创新研究 / 李立冬著 . -- 长春 : 吉林人民出版社 , 2023.5
ISBN 978-7-206-20043-4

Ⅰ . ①基… Ⅱ . ①李… Ⅲ . ①汉语 – 对外汉语教学 – 教学研究 Ⅳ . ① H195.3

中国国家版本馆 CIP 数据核字 (2023) 第 146640 号

基于文化的对外汉语教学创新研究

JIYU WENHUA DE DUIWAI HANYU JIAOXUE CHUANGXIN YANJIU

著　　者：李立冬
责任编辑：王　丹　　　　　　封面设计：袁丽静
吉林人民出版社出版 发行（长春市人民大街 7548 号） 邮政编码：130022
印　　刷：河北万卷印刷有限公司
开　　本：710mm × 1000mm　　1/16
印　　张：12　　　　　　　　字　　数：200 千字
标准书号：ISBN 978-7-206-20043-4
版　　次：2023 年 5 月第 1 版　　印　　次：2023 年 5 月第 1 次印刷
定　　价：78.00 元

前 言

在经济全球化浪潮日益高涨的今天，不同国家和地区之间的联系日益密切，这为各国经济、社会的发展提供了难得的机遇。在全球化背景下，中国经济迅速发展，国际影响力不断增强，世界范围内掀起了学习汉语的热潮。伴随着汉语国际地位的不断提升，越来越多的人加入到学习汉语的行列，部分国家和地区已将汉语纳入国民教育课程体系。同时，我国也加大了对对外汉语教育事业的支持力度，对外汉语教学事业呈现出蓬勃发展的态势和前所未有的光明前景。

语言是人们进行交流与沟通的重要工具，语言交流大大拉近了人与人之间的距离，提高了沟通交流的效率。作为世界上最大的发展中国家，中国要取得和保持长久的国际竞争优势，加快汉语推广是有效的途径之一。汉语历史悠久，使用人数多，同时是联合国六种工作语言之一，这都为汉语国际推广工作提供了优势和便利。

关于如何促进汉语学习，学者们已经从不同角度、不同层次进行了研究。而从文化角度来认识汉语、教授汉语、学习汉语则是一种重要而有效的途径，这也成为对外汉语教学界早已倡导且不断进行深入研究的热门话题。

语言与文化之间关系密切。一方面语言是文化的重要载体；另一方面语言又是文化的构成要素和文化传播的媒介。语言的这种双重性质决定了语言与文化之间你中有我、我中有你的密切关系。语言是文化的载体，单纯的语言是不存在的；文化是语言的最终指向，离开语言文化就失去了承载和传播的媒介，因此语言和文化需要放在一起进行研究。从文化角度研究对外汉语教学，不仅可以扩大对外汉语教学领域的范围，还能促进从语言本身向语言的深层含义过渡。对外汉语教学从本质上说是一种跨文化交际行为，因此涉及不同文化之间的沟通、碰撞与融合，因此对外汉语教学需要紧紧围绕文化核心展开，这样才能发挥文化的教育价值。

从文化角度切入对外汉语教学有助于提升中国文化的影响力，进一步促进“文化走出去”战略的实施。

本书正是在此背景下，以语言与文化的密切关系以及文化在其中的凸显性为切入点展开的。本书的基本框架如下。

第一章为绪论。介绍了对外汉语教学的发展历史及现状；梳理了对外汉语教学的相关研究，包括对外汉语语言教学与文化教学的关系、文化教学的意义、内容、分类、方法、原则等；界定了文化的内涵以及对外汉语教学和对外汉语文化教学的相关概念。

第二章为对外汉语教学中文化教学的地位及紧迫性。讨论了语言与文化的关系，并结合时代背景阐述了对外汉语教学中文化教学的微观层面与宏观层面的紧迫性。从微观层面讲，留学生要学好汉语必须进行文化方面的学习，由此文化教学的重要性得以凸显。从宏观层面讲，当今社会的发展，尤其是“文化走出去战略”的实施，需要加强对外汉语文化教学，提升中国文化在世界范围内的影响力。

第三章为基于文化的对外汉语教学的教学指向及内容创新。主要从文化教学指向、语言教学创新、内容创新三个角度，针对对外汉语教学现阶段的需求，充分考虑外国留学生的汉语学习现状，结合教学中经常出现的问题，从微观层面切入，为对外汉语教学指明了方向。另外，从礼仪文化教学、地域文化教学、“非遗”文化教学三个方面，深入探讨了对外汉语文化教学的内容创新。

第四章为基于文化的对外汉语教材编写。教材编写主要围绕科学性、实用性、趣味性展开探索，以增强对外汉语教材的时代性。

第五章为基于文化的对外汉语教学的实施策略。分别从体验式教学、对话式教学、适应性教学三个方面，探索对外汉语教学的实施策略。

第六章为基于文化的对外汉语教学模式探索。本章介绍了头脑风暴在对外汉语教学中的应用，从以文化头脑风暴威吓性的课题式教学模式探索和以文化习俗、观念、产物为核心的教学模式探索两部分切入，探索对外汉语教学模式的创新。

第七章为基于文化的对外汉语教师队伍建设。讨论了对外汉语教师的知识与能力培养、基本素养以及角色定位，通过对外汉语教师队伍建设来促进对外汉语教学工作的开展，提升对外汉语教学质量。

由于笔者水平有限，书中的观点和论述如有不当之处，敬请各位读者批评指正。

目 录

第一章　绪　论

第一节 对外汉语教学的发展及现状

对外汉语教学的历史最早可追溯到东汉时期，到了唐代，国力强盛，引来众多国家派遣留学生来中国学习。通过语言学习，加强了各国之间的交流。到了明代，出现了《老乞大》《朴事通》《西儒耳目资》等书籍，这些其实就是对外汉语教材，清代的《语言自迩集》是当时影响较为广泛的汉语教材。到了民国时期，交换生制度一方面加快了我国学习西方先进技术的步伐；另一方面外国留学生到中国学习汉语及中国文化，促进了中国文化的传播。当时许多著名学者都从事过对外汉语教学或相关工作，推动了我国对外汉语教学的发展。

一、对外汉语教学的发展历程

虽然对外汉语教学历史悠久，但对外汉语仍然处于零散、不成系统的状态，真正成为一门学科是在中华人民共和国成立之后。对外汉语教学从 20 世纪 50 年代开始发展至今，大致经历了以下几个阶段。

（一）初创阶段（20 世纪 50 年代初—20 世纪 60 年代初）

对外汉语初创阶段奠定了我国对外汉语教学工作的基础，建立了专门的教学机构，还建立了预备教育体系，学校除了开展对外汉语教学外，还发展了函授、驻华外交人员的汉语教学，并向国外源源不断输入对外汉语教师。

这一阶段的主要事件如表 1-1 所示。

表 1-1 初创阶段的主要事件

时　间	主要事件
1950 年	清华大学“东欧交换生中国语文专修班”成立，在教学方面，专修班制订了《清华大学东欧交换生中国语文专修班两年教学计划（草案）》
1952 年	著名语言学家朱德熙等人赴保加利亚教授汉语，开创了中华人民共和国成立后向海外派遣汉语教师的先河
1953 年	中国政府在桂林开办了培养越南留学生的中国语文专修学校
1955 年	《中国建设》杂志开设了“中文月课”
1956 年	厦门大学创办了华侨函授部，开设数学、物理、化学 3 个专修科，为海外华侨学校培养师资
1958 年	我国第一本对外汉语教材——《汉语教科书》问世，奠定了对外汉语教学语法体系的基本模式
1960 年	中国政府在北京外国语学院设立了非洲留学生办公室，开展面向非洲国家留学生的对外汉语教学
1961 年	北京外国语学院外国留学生办公室成立，在校留学生的总数达到了 471 人

（二）巩固、发展阶段（20 世纪 60 年代初—20 世纪 60 年代末）

从 20 世纪 60 年代初开始，我国接收外国留学生以及派遣留学生的规模在不断扩大，从 1962—1965 年，我国共接收外国留学生 3 944 名，1965 年年底在校留学生总数达 3 312 名。[①] 对外汉语教学工作进一步向前迈进，主要体现在管理、刊物、人才培养形式、师资培养模式上，如表 1-2 所示。

① 乐守红．中国传统文化传播与对外汉语教学 [M]. 长春：吉林人民出版社，2019：4.

表 1-2 巩固、发展阶段的主要事件

板 块	时 间	主要事件
管理方面	1962 年	设立了外国留学生高等预备学校
对外汉语教学的专业刊物	1965 年	北京语言学院创办了《外国留学生基础汉语教学通讯》，是我国第一本对外汉语教学方面的专业杂志
人才培养形式	1962 年	中国国际广播电台开办了“学中国话”“汉语讲座”节目
		厦门大学华侨函授部改名为厦门大学函授部，函授教育对象扩大到海外华人
师资培养模式	1964 年	北京语言学院设立了“出国汉语师资系”，专门培养对外汉语教师队伍
	1965 年	北京语言学院为 22 所院校准备教授越南留学生的教师举办培训班，这是我国第一次举办全国性质的对外汉语教师培训班

总之，这一阶段的对外汉语教学工作呈现出良好的发展势头，教学规模不断扩大，人数不断增加。在人才培养上，形成了以北京语言学院为基地的教学点遍布全国的模式。

对外汉语教学工作的进一步发展，主要表现在理论研究、教学法、教材上。

在理论研究上，这一时期的对外汉语教学理论研究围绕中华人民共和国成立以来的教学经验展开，并通过经验、实践来进一步明确教学的特点、要求与原则，促进教学的进一步规范化。

在教学法上表现为三大特点：针对性内容、实践性原则、相对直接法，但这一阶段仍然未脱离以教授系统语言为重点的局面。

在教材上着手编写《基础汉语》以及与其衔接的《汉语读本》。

（三）恢复阶段（20世纪70年代初—20世纪70年代末）

随着国际形势的变化，我国在对外关系上取得了较大的进展。1973年，联合国大会第28届会议一致通过了将汉语列入大会和安理会的工作语言之一，汉语在世界上的地位得到提高。

这一阶段的主要事件如表1-3所示。

表1-3　恢复阶段的主要事件

时　间	主要事件
1972年	北方交通大学接收了来自坦桑尼亚、赞比亚的200名留学生
1973年	北京语言学院接收42个国家的383名留学生
	北京语言学院成立了我国第一个从事对外汉语教材编写和对外汉语教学研究的机构——编辑研究部
1977年	《汉语课本》出版
1980年	《基础汉语课本》出版

这一阶段的理论研究进一步深化，呈现出以下特点。

（1）从具体问题入手，课堂研究的维度拓展为教学原则、课堂教学、语言内容教学、语言技巧训练等角度。

（2）将理论与教学实践结合起来进行研究。

（3）主张实践性原则，主要体现在教学体系、教材、课堂教学上。

（4）主张加强听说训练，但研究范围较小，缺乏学科建设高度。

除了理论研究外，对外汉语教学开启了探索阶段，此时的教学以听说法为主，这主要受教学理论的影响，将句型教学、语法教学、母语教学结合起来，形成了一个以“结构”为纲，兼顾传统法的综合教学法。这一阶段的教学法进行了语言技能方面的训练，如用语音教汉字，但在教学过程中往往忽略了语言的交际功能，其实用性有待加强。

这一时期出版了《汉语课本》《基础汉语课本》两本教材，其中《汉语课本》将句型、语法、课文结合起来，提高了学生的口头表达能力，但教材的内容政治色彩浓厚。《基础汉语课本》以结构为纲，以常用句子为重点，具有实用性的特点，有利于留学生综合运用汉语能力的提高。

（四）蓬勃发展阶段（20世纪70年代以后）

党的十一届三中全会作出实行改革开放的伟大决策，使得中国的经济实现了快速增长，中国速度引起了国外的广泛关注，随之而来掀起了一股“中国热”“汉语热”的浪潮，进一步促进了对外汉语教学的发展。

这一时期的对外汉语教学发展表现在以下几个方面。

（1）建立了专门的领导管理机构——对外汉语教学领导小组。

（2）建立了较为完善的对外汉语教学体制。

（3）研制并开展汉语水平考试——HSK。

（4）开展世界范围内的国际交流。

（5）确立对外汉语教学学科——对外汉语教学。

（6）创立了专门的学术团体、学术及科研机构。

（7）创办了专业的对外汉语教学刊物，成立专业的出版社。

（8）建设专职对外汉语教师队伍。

（9）从学科建设的高度开展教学相关理论研究。

这一阶段的主要事件如表1-4所示。

表1-4 蓬勃发展阶段的主要事件

板 块	时 间	主要事件
管理机构	1987年	国务院批准成立了国家对外汉语教学领导小组，统一领导和管理全国的对外汉语教学工作

续　表

板　块	时　间	主要事件
法律	2000 年	颁布了《中华人民共和国国家通用语言文字法》，规定对外汉语教学应当教授普通话和规范汉字，这是我国第一部涉及对外汉语教学内容的国家法律
学历教育	1978 年	北京语言学院开设了外国留学生四年制现代汉语专业，主要培养汉语教师、翻译人才、汉语研究人才
	1986 年	北京语言学院开始招收现代汉语专业对外汉语研究方向的硕士研究生
	1996 年	北京语言文化大学开设了外国留学生四年制中国语言文化专业，主要培养通用性语言文化人才
	1997 年	北京语言文化大学建立了对外汉语教学课程与教学论硕士专业、建立了语言学及应用语言学博士专业（对外汉语教学方向），两年后，招收对外汉语教学方向博士学位的外国留学生
非学历教育	1978 年	北京语言学院开办了短期汉语进修班，期限在 4~16 周，采用教学与旅游相结合的方式教学
	1981 年	厦门大学函授部更名为厦门大学海外函授学院，用函授、面授等多种形式向外国留学生提供学习中国文化的机会
	1996 年	中国黄河电视台在美国斯科拉卫星教育电视网开设的三个频道，探索对外汉语远距离教学模式
非学历教育	1999 年	北京外国语大学完成了《汉语世界》光盘制作，方便留学生通过光盘学习汉语
	2000 年	北京语言大学网络教育学院成立，这是我国第一个专门从事对外汉语网络教学的学院

续 表

板 块	时 间	主要事件
汉语水平考试	1990 年	北京、上海、天津、大连四地同时举行 HSK 考试，这是第一次正式的 HSK 考试，共 391 名留学生参加考试
	1991 年	在新加坡、日本、澳大利亚等国进行了 HSK 考试，这是在国外的首次考试
	1994 年	HSK 考试推向了欧洲地区
	2003 年	规定了四种专项汉语水平考试:少儿 HSK 考试、商务 HSK 考试、旅游 HSK 考试、文秘 HSK 考试
学科进展	1983 年	“对外汉语教学”这一学科名称正式被提出
学术团体	1983 年	中国教育学会对外汉语教学研究会成立
	1987 年	成立了世界汉语教学学会，会长为朱德熙
	1989 年	北京语言学院成立了世界汉语教学交流中心，进一步推进了各国汉语教师的培训及研究，也促进了学术交流
科研机构	1984 年	北京语言学院成立了语言教学研究所，这是我国第一个专门研究对外汉语教学的机构
	1987 年	北京语言学院成立了语言信息处理研究所
	1992 年	北京语言学院成立了中华文化研究所

续 表

板 块	时 间	主要事件
对外汉语教学刊物	1979 年	《语言教学与研究》创刊，这是我国第一个对外汉语教学的专业杂志
	1984 年	《对外汉语教学》创刊
	1987 年	《世界汉语教学》《学汉语》创刊
	1993 年	《中国文化研究》创刊
专业出版社	1985 年	北京语言学院出版社成立
	1986 年	华语教学出版社成立
专职对外汉语教师队伍培养	1983 年	北京语言学院开设了对外汉语专业，培养专职对外汉语教师
	1986 年	北京大学、北京语言学院设立对外汉语专业的硕士点，招收硕士研究生
	1997 年	北京语言文化大学建立了全国第一个对外汉语教学课程与教学论硕士专业，并建立了语言学及应用语言学（对外汉语教学方向）博士学位点
对外汉语教师管理与培养相关法律法规	1990 年	《对外汉语教师资格审定办法》颁布，并于 1996 年重新修订，使得对外汉语教师资格审查工作更加科学和规范

这一时期的对外汉语教学理论研究集中在宏观研究、教学过程、教学原则、语言技能上。从 20 世纪 90 年代后，教学理论从语言学、心理学、教育学、文化学、社会学、跨文化交际学等学科中借鉴理论成果及研究方法，促进了对外汉语教学的发展。

二、对外汉语教学发展现状

当前，对外汉语教学在全世界范围内呈现出快速发展的态势，由于对外汉语教学能促进国家各项工作的开展，因此国家对对外汉语教学越来越重视，不仅有宏观的指导，还有经费上的支持。对外汉语教学办学规模不断扩大，发展了集短期教育、汉语预备教育、本科教育、研究生教育、函授及远程教育于一体的对外汉语教学体系，使得对外汉语教学的形式更加多样、结构更加合理，对外汉语教学水平不断提升。

（一）国家高度重视对外汉语教学工作

1987 年，国家对外汉语教学领导小组成立，加快推进对外汉语教学工作的进度，并制定了宏观上的规划，为进一步开展国际交流与合作奠定了基础。1998 年，国家对外汉语教学领导小组成员由原来的 8 部委增至 11 部委，进一步加强了对外汉语教学工作的领导，促进了对外汉语教学的发展。2001 年，确定设立“国家汉办项目经费”，加大了对外汉语教学的经费支持力度，为对外汉语教学扩大与发展奠定了经济基础。

国家的发展与对外交流紧密联系在一起，对外汉语教学作为对外交流中重要的一环，受到国家的高度重视，使得对外汉语教学的性质具备了国家属性和国际性。

（二）教学体制上，不断完善；教学规模上，不断扩大

我国已经建立了从学士学位到博士学位的完整的学历教育体系，同时非学历教育占有很大比重。除了学校教育之外，还有广播、函授、网上中文、远程汉语教学等形式，大大方便了来华留学生对汉语的学习。除了形式的拓展之外，对外汉语的门类以及结构更加完整，对外汉语的教学水平也进一步提升。因此，对外汉语教学已经形成多层次、多渠道、多形式的完整的教学体系。近年来，随着互联网的普及，互

联网汉语教学成为对外汉语教学的新形式。汉语远程学院成为世界上最大的汉语远程教育机构，它所设立的网络汉语杂志、研制的教学课件等都进一步促进了对外汉语教学的发展。

教学体制的完善扩大了教学规模。来华留学生人数从 2013 年的 32.8 万人上升至 2020 年的 52.9 万人，呈现出逐年上升的趋势，2021 年受特殊环境影响，人数减少，2021 年为 22 万人，2022 年为 44 万人。如图 1–1 所示。当前有 400 余所高等院校开设了对外汉语教学学院或对外汉语教学中心，从事对外汉语教学的相关工作。

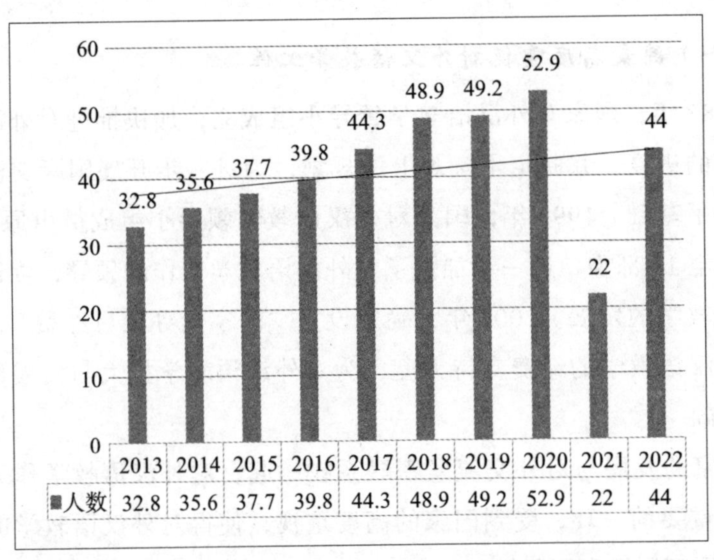

图 1–1　2013—2022 年来华留学生人数

（三）HSK 专项考试进一步普及

HSK 考试是世界上最具权威性、最有影响力、最大的汉语水平考试，每年的 6 月、10 月分别在国内、国外举行。为了适应新时代的发展要求，中华人民共和国国家汉语国际推广领导小组办公室（以下简称“国家汉办”）组织相关院校研发 HSK 专项考试，包括南京师范大学研发的少儿 HSK 专项考试、北京大学研发的商务 HSK 专项考试、首都师范大学研发的文秘 HSK 专项考试、上海师范大学研发的旅游 HSK 专项考试。同时，HSK 专项考试的试题库建设机制不断完善，加快了 HSK 专项考试的推广与研发。

1. 考试结构

HSK 包括 HSK 一级、HSK 二级、HSK 三级、HSK 四级、HSK 五级和 HSK 六级。兰州大学考点每次承办的级别有 HSK 四级、HSK 五级、HSK 六级。

2. 考试日程

汉语水平考试（HSK）每个月一次，兰州大学考点承办每年 3 月、5 月、12 月的考试。

3. 考试等级

HSK 各等级与《国际汉语能力标准》的对应关系如表 1-5 所示。

表 1-5 HSK 各等级与《国际汉语能力标准》的对应关系

HSK	词汇量	国际汉语能力标准
HSK 六级	5 000+	五级
HSK 五级	2 500	
HSK 四级	1 200	四级
HSK 三级	600	三级
HSK 二级	300	二级
HSK 一级	150	一级

通过 HSK 一级的考生可以理解并使用一些非常简单的汉语词语和句子，满足具体的交际需求，具备进一步学习汉语的能力。

通过 HSK 二级的考生可以用汉语就日常话题进行简单而直接的交流，达到初级汉语优等水平。

通过 HSK 三级的考生可以用汉语完成生活、学习、工作等方面的基本交际任务，在中国旅游时，可应对遇到的大部分交际任务。

通过 HSK 四级的考生可以用汉语就较广泛领域的话题进行谈论，比较流利地与以汉语为母语者进行交流。

通过 HSK（五级）的考生可以阅读汉语报纸杂志，欣赏汉语影视节目，用汉语进行较为完整的演讲。

通过 HSK（六级）的考生可以轻松地理解听到或读到的汉语信息，以口头或书面的形式用汉语流利地表达自己的见解。

4. 考试形式

HSK 考试分为两种形式，如图 1–2 所示。

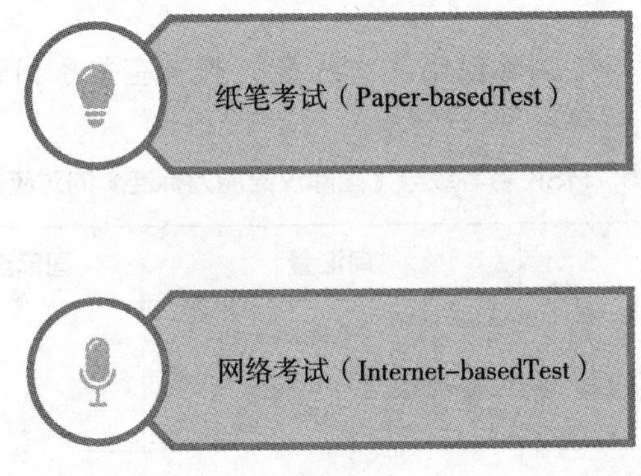

图 1–2　HSK 考试形式

网络考试是基于互联网和计算机实施的考试，考查考生运用汉语进行交际的能力，考试内容、标准和效力与纸笔考试相同。汉语网络考试方便灵活、经济高效、安全稳定，并支持在线考务管理、在线缴费和在线模拟。

5. 考试用途

目前，HSK 已成为留学生留学中国的通行证、申请来华留学奖学金的必备条件和学校教学评估的重要手段，并被越来越多国家的政府部门和跨国企业作为员工招聘、提薪和晋升的重要依据。

6. 成绩报告

HSK 成绩是汉语能力的权威证明，考生可在考试结束一个月后登录汉语考试服务网 www.chinesetest.cn 查询成绩，并于成绩公布两周后联系参加考试的考点获取由孔子学院总部 / 国家汉办颁发的 HSK 成绩证书。

（四）国际交流与合作渠道不断拓展

近年来，国家汉办派出对外汉语教师规模不断扩大，同时我国也加大了国外教师的培训力度，培养更多的对外汉语教师。培训通过资助或者奖项激励的方式，加快对外汉语教师的培训，如图 1-3 所示。

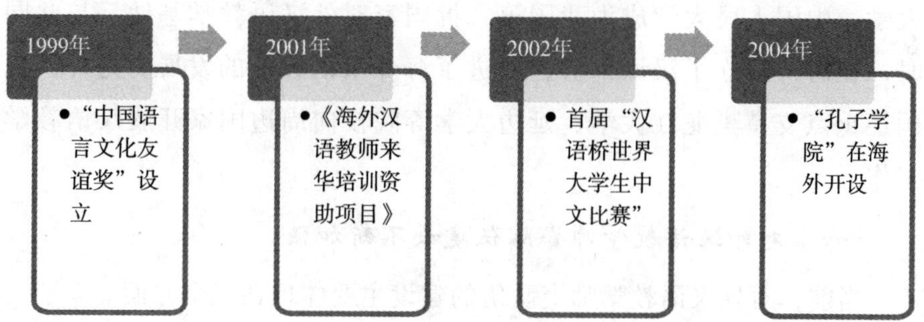

图 1-3 我国开展对外汉语教学工作的示例

1999 年，教育部第 2 号令规定设立“中国语言文化友谊奖”，该奖项是奖励对促进汉语教学以及中国文化传播作出突出贡献的国际友人颁发的奖项。

2001 年，教育部设立了《海外汉语教师来华培训资助项目》，不少国外的教师通过中华文化研究奖学金或来华奖学金前往中国接收培训；有的学生获得了 HSK 优胜者奖学金，获得来中国学习的机会。

2002 年，举办了首届“汉语桥世界大学生中文比赛”，其目的是激发世界各国青年学生学习汉语的兴趣与热情。

2004 年之后，中国在海外开设了多家“孔子学院”，通过孔子以及儒家文化来推动对外汉语的工作，进一步扩大汉语教学在海外的影响。

除以上方式外，中国政府还采取向国外赠送中文图书及教材，邀请知名国外汉语教师、汉学家来华访华，进行学术交流，进一步促进了对外汉语教学的发展。

（五）对外汉语教学基地和汉语中心不断增加

关于对外汉语教学基地，北京语言大学、华东师范大学、北京外国语大学、上海外国语大学是20世纪80年代国家教委（成立于1985年6月，1998年3月10日更名为教育部）首批批准的四所开设对外汉语专业的高校。经教育部批准，南开大学、华东师范大学、南京师范大学、中国人民大学成为我国第二批国家对外汉语教学基地。与此同时，在海外建立了汉语中心，促进了海外汉语教学的发展。另外，我国还重点支持黑龙江大学、延边大学等院校向周边国家开展汉语教学工作。

（六）对外汉语教学师资队伍建设不断加强

当前，对外汉语教学师资队伍的建设主要体现在三个方面。

1. 对外汉语本科专业

围绕本科专业，结合实际需要，进一步促进课程设置的合理化，通过不断扩充对外汉语专业，培养更多高素质对外汉语教师。

2. 对外汉语教学高级专门人才

目前，国家已经培养了一批对外汉语教学专业的专门人才，这些人才是本科、研究生学历，但远远不能满足教学、研究方面的需求，需要进一步加强在职教师的业务知识及能力的培训，提高业务能力，促进对外汉语教学高级专门人才的培养。

3. 在职对外汉语教师培训

要加大对在职对外汉语教师的培训力度，提高在职对外汉语教师的能力及素质，促进对外汉语教学质量的提升。

（七）理论研究与教材发展

1. 理论研究

国家汉办在 2002 年启动了“十五”科研规划项目，共计 70 多个项目，同时资助出版了十多种对外汉语理论著作。教育部在北京语言大学设立了教育部人文社会科学百所重点研究基地——对外汉语研究中心，加强对对外汉语理论的研究，促进理论研究向实践转变。国家、高校还开展了与对外汉语教学密切相关的汉语专项研讨会，如 2003 年在上海师范大学举办的“现代汉语虚词与对外汉语教学学术研讨会”。

随着时代的发展，对外汉语教学相关的理论研究将越来越深入，除了对对外汉语教学语言的研究之外，还对语言习得进行了研究，进一步挖掘对外汉语学习的规律，促进理论研究朝着科学化、标准化、规范化发展。

2. 教材发展

围绕当前教材的现状，未来教材发展方向应当围绕以下三个方面进行，如图 1–4 所示。

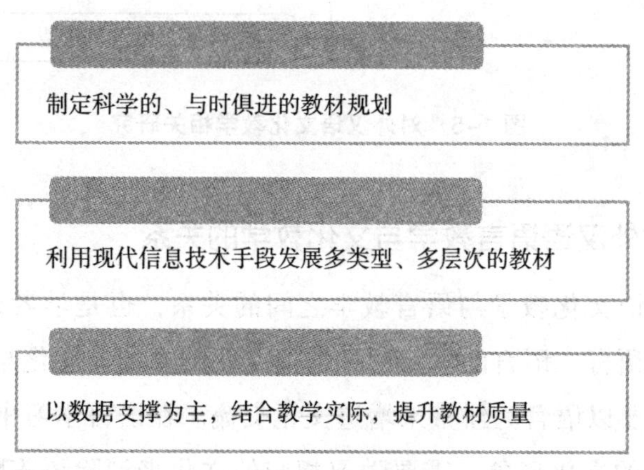

图 1–4　未来教材发展方向

对外汉语教材发展到今天呈现出种类多、数量庞大的态势，相关教材中不乏经典之作，未来的教学随着时代的变化而变化，教材开发也需要与时俱进，跟上时代的步伐。

第二节 对外汉语文化教学研究综述

总结近四十年来的对外汉语文化教学研究，其研究成果主要集中在五个方面，如图 1–5 所示。

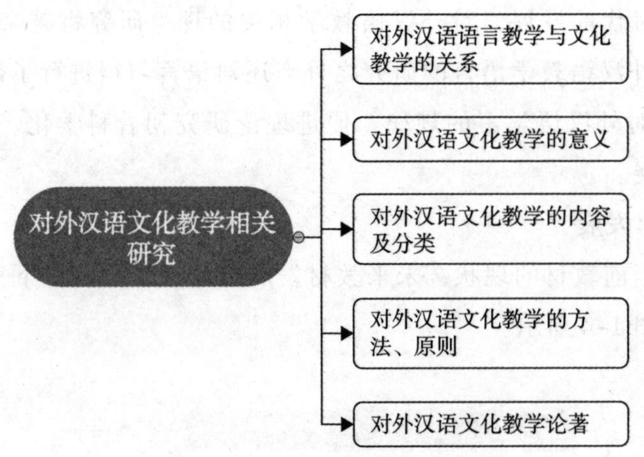

图 1–5 对外汉语文化教学相关研究

一、对外汉语语言教学与文化教学的关系

对外汉语文化教学与语言教学之间的关系，也是学者讨论的热点。文化离不开语言，语言的学习同样需要文化的支撑。文化与文化的交流过程中，需要以语言为纽带来增进文化交流。在语言学习中，常出现阻碍语言学习的文化现象，需要学习相应的文化来消除语言障碍。因此，语言教学与文化教学是同步进行的，是你中有我、我中有你的关系。

吕必松等学者在20世纪80年代发表的《对外汉语教学探索》一文中强调语言教学进行的过程中需要进行文化教学。[①]

关于语言与文化之间的关系，吕必松在其《对外汉语教学概论（讲义）》一文中说道：“语言是文化的一部分，语言是文化的载体，语言是文化发展的基础。”[②]在谈及文化对语言的作用时，他强调了文化因素在语言理解和使用中的重要性，文化是进一步掌握语言的有效途径，因此，他认为语言和文化需要结合在一起进行研究。

陈光磊在其《语言教学与文化背景知识的相关性》一文中谈到语言的学习需要融合文化进行教学，他说：“了解语言所表现的文化内涵和文化背景是学习一种语言的前提，否则语言教学就是不完整的，进而总结了语言教学中融合文化背景知识的方法，包括解说性的、实践性的、对比性的几种情况。”[③]

胡明杨在其《对外汉语教学中的文化因素》一文中说道：“语言教学过程中要注意文化因素的融入。”[④]但是，他进一步肯定了语言教学的主导地位，认为文化教学相对于语言教学而言还是处于从属地位，文化教学的目的是更好地开展语言教学服务。

二、对外汉语文化教学的意义

王雪松在其《对外汉语教学中文化教学的层次》一文中概括对外汉语文化高层次教学的意义，主要包括三个方面[⑤]，如图1-6所示。

---

① 吕必松．对外汉语教学探索[M]．北京：华语教学出版社，1988：109.

② 吕必松．对外汉语教学概论（讲义）[J]．世界汉语教学，1992(2)：121-122.

③ 陈光磊．语言教学与文化背景知识的相关性[J]．语言教学与研究，1987(2)：125.

④ 胡明扬．对外汉语教学中的文化因素[J]．语言教学与研究，1993(4)：103-104.

⑤ 王学松．对外汉语教学中文化教学的层次[J]．北京师范大学学报，1993(6)：81-84.

进一步展示了中国文化的魅力，促进中外文化的深度交流，一定程度上消除了留学生对中国文化的偏见，便于留学生接受中国文化

文化成为助力语法结构的利器，成为语言教学的新途径

通过开设文化实践课，促进跨文化交际能力的培养，通过实地情景感受和文化教学产生精神层面的共鸣

图 1-6　对外汉语文化高层次教学的意义

吴为善在他的著作《跨文化交际概论》中提出了制约交际的三个因素——价值观念、民族性格以及自然环境。开展对外汉语文化教学可以提高留学生的跨文化交际能力，进一步学习交际文化与民俗文化，拓展多渠道的文化交流。①

语言教学与文化教学相互渗透，两者相互关联。为了进一步梳理两者的关系，有学者又进行了细化。阎军等学者在《对外汉语教学中的文化传播思考》一文中提出了文化教学需要随着语言学习的阶段发展变化，同时文化教学需要通过教授汉字、语音、词汇等进行教育，并主张情景教学，在真实情境中领略文化，将文化渗透于语言教学中，阎军提到“文化教学应渗透到语言教学中，以语言教学为中心，兼设多种文化课”②。

① 吴为善．跨文化交际概论 [M]. 北京：商务印书馆，2009：30.

② 阎军等．对外汉语教学中的文化传播思考 [J]. 兰州大学学报，1995(4)：98-99.

苏金智在其《多学科合作的中国社会语言学研究——第三届社会语言学学术讨论会综述》一文中将与文化教学相关的学说总结为文化导入说、文化解释说、文化融合说、文化语言有机化合说，其中文化导入说的影响最大，为大多数人所接受。①

这四种学说从本质上说是将语言教学与文化教学结合起来，所不同的是侧重和方法。

笔者认为，在对外汉语教学中，汉语作为第二语言，其教学目的是教会留学生一门语言——汉语，培养留学生的语言运用能力、交际能力，属于语言教学的范畴。而文化教学，侧重于语言背后的深层次的思维方式、价值观念、内涵等的学习；侧重于培养留学生的精神层面，因此，语言教学与文化教学存在本质的差异。做好语言教学与文化教学的衔接工作，初级阶段的汉语学习，重在语言本身的学习，牢固掌握语法、语音和语义；高级阶段的学习，可以加大文化方面的输出，这样便于全面掌握语言。

三、对外汉语文化教学的内容及分类

关于对外汉语文化教学内容的研究，侧重于教学阶段及课程类型的划分。

（一）按教学阶段来划分文化教学内容

对外汉语教学分为三个阶段——初级阶段、中级阶段、高级阶段，划分的依据是学生学习水平及中国文化的层次性。

1. 初级阶段对外汉语文化教学的相关研究

张英在其《论对外汉语文化教学》一文中，对初级阶段的对外汉语教学展开论述，“对外汉语教学初级阶段要以传授知识语言和知识文化

① 苏金智．多学科合作的中国社会语言学研究——第三届社会语言学学术讨论会综述[J].语言文字应用，1992（3）：6-12.

为主。对于外国留学生来说，掌握汉语的音、字、词和语法的规律更重要。所以在这个阶段，文化内容少教一些为好”[①]。

关于初级阶段的文化教学内容，邱蕾在其《对外汉语初级听力课中文化因素教学研究》中建议初级阶段的留学生适合学习与留学生生活相关的一些民族风情或者生活习惯。此外，还可以学习一些感兴趣的文化，如中国画、剪纸、中医、太极等。[②]

初级阶段的文化学习还可以从民俗视角切入，张继伟在他的《汉语国际教育中的文化教学研究》中，强调了民俗文化对对外汉语文化教学初级阶段的重要性，只有贴近学生的生活，才能更好地学习汉语。[③]

黎凡也强调初级阶段的文化教学应当侧重交际、风俗习惯方面的内容。[④]

处于初级阶段的对外汉语文化教学，应充分考虑留学生汉语基础较为薄弱的现实，此阶段应当以简单、通俗为主，知识与文化应当围绕着日常生活的常用语、饮食、服饰、风俗等方面展开，同时掌握一些简单的交际文化知识。

2. 中级阶段对外汉语文化教学的相关研究

中级阶段的留学生对汉语的基本知识与文化有了大体的了解，为深入学习知识与文化奠定了基础。徐佳在其《对外汉语教学中的文化教学》中谈及了中级阶段的留学生需要学习深一层次的文化内涵，“能够读懂一些浅显易懂的读物、新闻报道或者一般性的科普文献等。在这一阶段可以根据学生自身的文化需求，选取一些能体现我国民族思维方式、价值观念的文化作为这一阶段的文化教学的内容”[⑤]。

黎凡强调中级阶段的留学生需要学习系统的文化，强化文化因素的渗透，“在对外汉语中级阶段，可以对我国的节日文化、民俗文化、

① 张英．论对外汉语文化教学 [J]. 汉语学习，1994(5)：46-50.

② 邱蕾．对外汉语初级听力课中文化因素教学研究 [D]. 南宁：广西民族大学，2012.

③ 张继伟．汉语国际教育中的文化教学研究 [D]. 哈尔滨：黑龙江大学，2012.

④ 黎凡．对外汉语教学中文化教学的内容及策略 [D]. 武汉：华中科技大学，2011.

⑤ 徐佳．对外汉语教学中的文化教学 [D]. 河南大学，2012.

饮食文化等与学生生活紧密联系的文化知识进行系统地讲授，这一阶段对词汇所包含的文化因素要做进一步讲解”[①]。

此外，中级阶段的对外汉语教学研究还包括风俗习惯、文学方面[②]、语言差异[③]、文化内容的系统性[④]相关的探讨。

3. 高级阶段对外汉语文化教学的相关研究

高级阶段的留学生已经掌握了汉语及相关文化，因此，其文化教学的内容应围绕情感、信仰、价值尺度展开。任玉在其《对外汉语文化教学特点初探》一文中强调“在高级阶段，留学生已经克服了语言交际障碍，这一阶段文化教学的力度应该加大。从与语言有关的知识文化拓展到哲学、历史、文学等各个文化领域。这一阶段文化教学的重点应放在培养留学生的跨文化交际能力上。这涉及历史文化、政治文化、道德文化、习俗文化以及人们的情感、信仰、价值观等方面”[⑤]。

金洪臣在其《浅论对外汉语文化教学》一文中，强调高级阶段的对外汉语文化教学应当放在历史、传统、政治以及信仰上。[⑥]

除此之外，高级阶段的对外汉语文化教学的内容还包括以下几方面。

（1）经典文学作品、高级口语、阅读课、社会热点、人生问题。[⑦]

（2）中国古典诗词、中国历史、政治、文学作品、科学技术、经济、宗教、哲学、教育等方面。[⑧]

从以上研究可以看出，高级阶段的留学生已经具备了比较高的汉语交际能力，这一阶段的侧重点在文化教学方面，以便留学生更快地掌握汉语言知识。

---

① 黎凡．对外汉语教学中文化教学的内容及策略 [D]. 武汉：华中科技大学，2011.

② 李扬．对外汉语教学中的文化教学的思考 [D]. 哈尔滨：黑龙江大学，2012.

③ 张继伟．汉语国际教育中的文化教学研究 [D]. 哈尔滨：黑龙江大学，2012.

④ 屈瑞婷．对外汉语教学初级阶段的文化教学研究 [D]. 西安：陕西师范大学，2007.

⑤ 仁玉．对外汉语文化教学特点初探 [J]. 辽宁师范大学学报，1995(2)：38-39.

⑥ 金洪臣．浅论对外汉语文化教学 [J]. 科技信息，2014(1)：226，294.

⑦ 张继伟．汉语国际教育中的文化教学研究 [D]. 哈尔滨：黑龙江大学，2012.

⑧ 黎凡．对外汉语教学中文化教学的内容及策略 [D]. 武汉：华中科技大学，2011.

通过以上文献分析，可以将初级、中级、高级阶段的文化教学概括为以下形式，如图 1–7 所示。

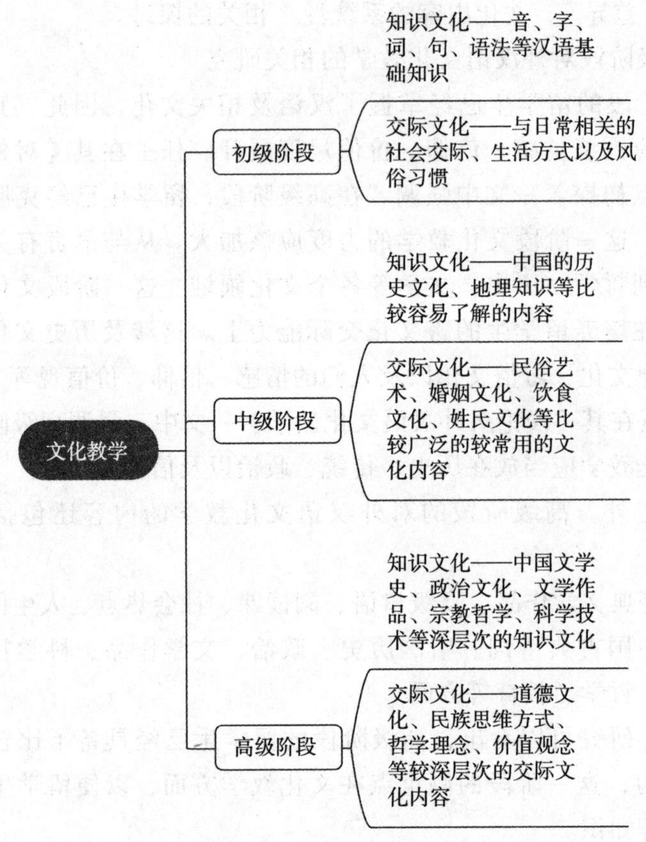

图 1–7　文化教学不同阶段的教学内容

（二）按课程类型来划分文化教学内容

按照技能分类，文化教学的课程可以分为听力课（听）、口语课（说）、阅读课（读）、写作课（写）四门课程。这四门课程同样需要遵循阶段性发展的原则，根据学习汉语的程度，实现由浅入深的文化内容学习。

1. 听力课文化教学内容研究

邱蕾在其《对外汉语初级听力课中文化因素教学研究》一文中提出初级阶段听力课的文化教学内容，“从听力语料的内容方面来看，相对于中、高级阶段语料内容的丰富多样，初级阶段听力语料大都篇幅较短，以简短的日常对话为主，所涉及的文化内容也都与日常生活紧密相关”①。

关于中级阶段的听力课文化教学内容，秦茜在其《中级汉语听力教学中文化因素导入探讨》一文中提到中级阶段的留学生已经具备了一定汉语语言及文化基础，可以通过汉语来进行简单的交流，因此听力课中可以导入一些深层次的文化元素，包括饮食、思维、道德、习俗、情感、信仰、价值观等。②

高级阶段的文化教学需要引入文化课教学，周小兵在其《对外汉语教学入门》一书中说道：“一般来说，我们应当对初级水平的学生实施语言课中的文化教学，而对中高级水平的学生实施文化课教学。”③这样有助于留学生专门学习中国文化，加深对中国文化内涵及中国国情的了解，减少文化摩擦。

2. 口语课文化教学内容研究

陈奇在其《对外汉语口语课中的文化教学渗入研究》一文中认为：“口语课程应该是以语言教学为主、文化教学为辅、语言教学为目的、文化教学为手段的教学。”④

对于不同阶段的口语课文化教学内容，他在文中作了如下论述。

具体来说，初级阶段的学生由于其汉语水平极其有限，因此他们

① 邱蕾．对外汉语初级听力课中文化因素教学研究[D]．南宁：广西民族大学，2012.

② 秦茜．中级汉语听力教学中文化因素导入探讨[D]．北京：中央民族大学，2013.

③ 周小兵．对外汉语教学入门[M]．广州：中山大学出版社，2009：327.

④ 陈奇．对外汉语口语课中的文化教学渗入研究[D]．兰州：兰州大学，2013.

迫切需要学好口语并且能够学以致用，在日常生活中可以用汉语和中国人进行简单的交流；到了中级阶段，学生已经具备了良好的口语交际能力，也掌握了一些中国文化知识，比如饮食、服饰、地理等方面，都曾经在学习过程汇总中出现，而这个阶段他们开始接触大量的成语、俗语和历史词汇，学习、理解这些词语词义的过程也就是接触、领会中国文化知识的过程，其目的在于让学生在掌握了初级阶段介绍的中国文化以后，可以更进一步地深入理解中国文化的精髓；而高级阶段的学生已经拥有较高的汉语水平，听、说、读、写等各项专项技能与初、中级阶段相比都大大提高，因此这一阶段的教学应该系统、全面，不仅要介绍表层文化，对深层文化也要有所介绍。①

3. 阅读课文化教学内容研究

任倩在其《对外汉语中级阅读教学中的文化导入》一文中指出："由于中级阅读教材中文化因素的增加，使得阅读的难度加大。为了帮助学生更好地理解阅读材料，就需要教师在教学中导入中国文化，对教材中与语言理解和交际相关的文化知识加以解释说明。"②

四、对外汉语文化教学的方法、原则

教学方法也是学者热衷研究的一个方向，外国留学生来自不同的国家和地区，其知识结构、文化背景、学习目的等存在差异，因此，教学方法上也有所不同。正如林国立、周思源在《对外汉语教学与文化》一书中所说的，"语言教学是有分工的，每一类型的课程所包含的文化内容不同，教学方式各异"③，教学方法、原则的研究仍然围绕教学阶段和课程类型展开。

① 陈奇．对外汉语口语课中的文化教学渗入研究 [D]．兰州：兰州大学，2013.

② 任倩．对外汉语中级阅读教学中的文化导入 [D]．武汉：华中科技大学，2015.

③ 林国立，周思源．对外汉语教学与文化 [M]．北京：北京语言大学出版社，1997：225-226.

（一）按教学阶段使用教学方法、原则

1. 初级阶段的教学方法研究、原则

屈瑞婷在其《对外汉语教学初级阶段的文化教学研究》一文中认为，初级阶段的文化教学方法需要遵循语言教学的客观规律，采用阐释法、对比法、实践法、纳入法等，根据不同的场景选择不同的方法。[①]

锡晓静在其《初级阶段对外汉语教材中关于文化因素的调查研究》中指出，初级阶段的教学原则应当把握五大原则，即整体性原则、阶段性原则、实用性原则、适度性原则、对比性原则，并进一步阐述了不同场景下的使用原则。

教学内容——整体性原则、对比性原则。

教学内容的先后顺序——阶段性原则。

具体文化——适应性原则、适度性原则。[②]

朱媞媞在其《对外汉语教学初级阶段文化因素导入研究》中阐述了初级阶段对外文化教学的三种教学方法，分别是发展文化意识、课堂与课外教学结合、非语言行为导入文化，最终实现文化方面的学习。[③]

2. 中级阶段的教学方法研究、原则

关于中级阶段的文化教学方法，汪美娇在其《对外汉语教学中的中国文化教学》研究中提出了循序渐进的教学原则，建议由浅入深、分层次教学，以此来增强学习效果。[④]

此外，李然在其《中级汉语综合课文化教学的内容和策略》中提出

① 屈瑞婷 . 对外汉语教学初级阶段的文化教学研究 [D]. 西安：陕西师范大学，2007.

② 锡晓静 . 初级阶段对外汉语教材中关于文化因素的调查研究 [D]. 天津：天津师范大学，2012.

③ 朱媞媞 . 对外汉语教学初级阶段文化因素导入研究 [D]. 福州：福建师范大学，2014.

④ 汪美娇 . 对外汉语教学中的中国文化教学研究 [D]. 苏州：苏州大学，2012.

了从文化内涵、文化背景、文化比较、因材施教四个方面论述中级阶段的文化教学方法。[①]

3. 高级阶段的教学方法研究、原则

高级阶段的对外汉语教学方法从不同的角度切入，包括通过文化专题讲座[②]、专门课程[③]、文化参观、文化讨论、采访调研[④]等方式来开展文化教学。

（二）按课程类型使用教学方法、原则

1. 听力课的教学方法研究、原则

邱蕾在其《对外汉语初级听力课中文化因素教学研究》中提到了五大原则：内容适用原则、循序渐进原则、文化与语言结合原则、适时适度原则、客观理性原则。[⑤]

秦茜在其《中级汉语听力教学中文化因素导入探讨》中提出了四种教学方法：语言传递、直接感知、引导探究、实际训练。语言传递指的是通过具体的教师讲解、演讲、谈话、叙述等形式传递知识；直接感知是通过不同形式的演示或者直接参观来获得知识以及提升技能；引导探究指的是学生通过老师的指导，独立探索研究，找到解决问题的方法与途径，从而巩固了知识，增强了能力；实际训练指通过实践活动，结合练习、实习、演练，使学生的认知更上一层楼，将技能转化为技巧。[⑥]

2. 口语课的教学方法研究、原则

关于口语课进行文化教学时需要遵循的原则，陈奇在其《对外汉语

---

① 李然. 中级汉语综合课文化教学的内容和策略 [J]. 现代语文（学术综合版），2013(7)：158-159.

② 徐佳. 对外汉语教学中的文化教学 [D]. 开封：河南大学，2012.

③ 李杨. 对外汉语教学中的文化教学思考 [D]. 哈尔滨：黑龙江大学，2012.

④ 华萍. 对外汉语教学中的文化教学研究 [D]. 兰州：兰州大学，2013.

⑤ 邱蕾. 对外汉语初级听力课中文化因素教学研究 [D]. 南宁：广西民族大学，2012.

⑥ 秦茜. 中级汉语听力教学中文化因素导入探讨 [D]. 北京：中央民族大学，2013.

口语课中的文化教学渗入研究》中说道："在具体的对外汉语教学过程中，文化导入应遵循一定的原则，而非随心所欲地向学生传授甚至是灌输中国文化。"[①]在进行文化教学时，应当遵循阶段性原则、科学性原则、适度性原则及发展性原则。

对于教学方法来说，廖洁主张口语课中的文化教学方法需要根据实际情况，结合学生的特点进行多样化的教学方法尝试，帮助学生掌握更多的口语知识及技巧。[②]

马春娜等在《对外汉语口语教学中的"体演文化"教学法》中通过阐述演习方式践行的教学方式，激发课堂活力。通过调整师生关系、变换教师角色来提高教学效率。教师在"体演文化"中充当语言交际活动的创构者、课堂交际活动的决策者、课堂活动的参与者与组织者，创造更多机会使学生身临其境，在轻松愉悦中获得语言知识及技能。[③]

3. 阅读课的教学方法研究、原则

付玉凤在其《对外汉语中级阅读课中的文化教学初探》一文中，阐述了中级阅读课中文化教学需要坚持的七大原则。

（1）阅读课中要注意文化教学的质量而并不是单纯的数量。

（2）阅读课中要注意控制文化教学的比重。

（3）教师在进行阅读课中的文化教学时要灵活应变。

（4）阅读课中的文化教学应该与语言教学相结合。

（5）阅读课中的文化教学应有不同的出发点和侧重点。

（6）阅读课中文化教学要适度。

（7）阅读课中的文化教学要有针对性。

徐向舒在其《对外汉语中级阅读课文化因素教学研究》中提出了文

① 陈奇．对外汉语口语课中的文化教学渗入研究[D]．苏州：苏州大学，2013.

② 廖洁．对外汉语中级口语课堂文化教学研究[D]．重庆：西南大学，2011.

③ 马春娜，谷文月．对外汉语口语教学中的"体演文化"教学法[J]．智库时代，2018(47)：236，239.

化教学的基本原则：直观性原则、时代性原则、因材施教原则、引导性原则。[①]

吴海娟在《初级汉语精读课教学中的中华传统文化教学策略探析》一文中，从传统文化角度切入，探索对外汉语初级阅读课的教学方法，在教学中采用渗入式教学、多媒体教学、体验式教学三大方法，强调“在对外汉语教学中，无论是理论的完善还是教学策略的探讨，我们还有很多更为细致的工作需要进一步完善，对外汉语教学中中华传统文化教学策略的探讨形式多样，但‘教无定法’，教师要善于捕捉和创造教育机会，充分利用现有教学资源，综合利用各种教学手段和方法，正确对待特定的教学环境和教学对象，才能更好地促进中华传统文化的传播，以及我国汉语国际教育事业的发展”[②]。

4. 写作课的教学方法研究、原则

徐子亮等的《实用对外汉语教学法》提出了初级、中级、高级三个阶段的教学方法。[③]

（1）初级阶段。初级阶段的留学生正处于汉语入门阶段，汉语水平不高，词汇量积累较少。对外汉语写作课中，可以引导学生书写自己的名字、人物名称或者日常的交际语。学生在初级阶段应当尝试写表达感谢、请假、道歉、告别等简单的应用文。

（2）中级阶段。中级阶段的留学生具备了一定的语言及文化基础，此时词汇量在3000左右，掌握了基本的语法结构和句式。这一阶段的文化教学侧重于中国的成语、典故、民俗、历史方面的知识，进一步强化交际文化知识，可以书写书信、表扬信、感谢信等。

（3）高级阶段。这一阶段的写作课可以学习专业文化，通过阅读文

① 徐向舒．对外汉语中级阅读课文化因素教学研究[D]. 济南：山东师范大学，2013.

② 吴海娟．初级汉语精读课教学中的中华传统文化教学策略探析[J]. 北方文学，2018(24)：196-197.

③ 徐子亮，吴仁甫．实用对外汉语教学法[M]. 北京：北京大学出版社，2005：65.

学作品、人物传记、名人故事等，全面了解中国文化，进一步了解中国人的思维方式、情感信仰、人际交往等内容，这一阶段的教学采取全面提升的教学方法，进一步促进留学生写出能反映中国文化的优秀作品。

谢宜修在《汉语国际教育写作课中的文化要素教学研究——以华侨大学留学生中级汉语写作课教学为例》中提出了听、说、读、写相结合法、多媒体辅助法两大教学法。他强调“单一的读写训练会让留学生很快失去学习兴趣，课堂气氛不够活跃，对写作学习也会产生不良影响。写作教学本身是汉语国际教育中的一门类型课，语言教学听、说、读、写不可割裂，因此在写作教学中也可以适当加入听说两个部分”①。

五、对外汉语文化教学论著

从 20 世纪 90 年代开始，对外汉语文化教学的研究论著不断问世，通过全面梳理理论，促进其系统化。

1990 年，吕必松在其《对外汉语教学发展概要》一书中，专门设一章论述“关于比较文化理论的研究”；同年，盛炎的《语言教学原理》也设立了“文化与语言教学”一章。

1991 年，毕继万翻译了《中国和英语国家非语言交际对比》。

1992 年，吕必松出版了《华语教学讲习》一书，其中有一节为“语言交际文化”教学。

1993 年，盛炎编著的《对外汉语教学论文选评》中收录了六篇汉文化教学的文章。

1994 年，陈学超出版的《国际汉学论坛卷 1》中收录了《把汉语和中国文化推向世界》《英美学生汉语学习过程中的文化负迁移》等关于文化教学的文章。②

① 谢宜修．汉语国际教育写作课中的文化要素教学研究——以华侨大学留学生中级汉语写作课教学为例 [D]. 泉州：华侨大学，2020.

② 陈学超．国际汉学论坛卷 1[M]. 西安：西北大学出版社，1994:121.

对外汉语文化教学的著作，如表 1-6 所示。

表 1-6 近年来对外汉语文化教学的著作

年份	作者	论著
1997	周思源	《对外汉语教学与文化》
1997	赵永新	《汉外语言文化对比与对外汉语教学》
2005	蒋印莲	《对外汉语教学与语言文化研究 第 1 辑》
2006	李晓琪	《对外汉语文化教学研究》
2007	葛星	《中国文化场景中的对外汉语教学模式》
2008	王治理	《传统文化与对外汉语教学》
2012	吴平	《对外汉语教学中的文化词语》
2017	白玉寒	《跨基于文化的对外汉语教学研究》
2019	乐守红	《中国传统文化传播与对外汉语教学》
2019	赵娟	《对外汉语教学传播路径与跨文化交际模式探究》
2020	胡晓晏	《基于跨文化适应性的对外汉语教学研究》
2021	陈东平	《跨文化视角下对外汉语教学理论与实践》
2022	上海师范大学《对外汉语研究》编委会	《对外汉语研究》（第 25 期）

以上宏观及微观理论不断深入，带来了对外汉语教学文化教学上的大发展，为促进对外汉语教学发展，传播中国文化奠定了坚实的基础。

第三节 相关概念

一、文化界定

（一）文化

文化是人的内在的活动，对人的行为产生直接影响，是人的内在的、深层的东西。学界从不同的角度、不同的层面来理解文化；不同时代、不同国家、不同学科对文化的定义不同。因此，文化的内涵极广，常与政治、经济、历史、地理等因素相关。

文化一词最早见于《易传》中的“关乎人文，以化成天下”，“文”和“化”分开阐述。到了汉代，“文”和“化”仍然分开使用，在字义上有了进一步的引申，其中“文”本义是“相互交错的纹理”，经过不断发展，引申为以下多种含义。

事物错综所造成的纹理或形象，如“灿若文锦”。

刺画花纹，如“文身”。

记录语言的符号，如“文字”。

用文字记下来以及与之有关的，如“文凭”。

人类劳动成果的总结，如“文化”“文物”。

自然界的某些现象，如“天文”“水文”。

旧时指礼节仪式，如“虚文”“繁文缛节”。

文华辞采，如“文质彬彬”。

温和，如“文火”“文静”。

指非军事的，如“文职”。

“化”的本义是“改易”“生成”之意，经过不断发展，引申为“教行迁善之义”。①

英语中的“文化”一词源于拉丁语，指的是农作物的耕种、动物的饲养，后来经过发展，引申为人类的开发与培养。对“文化”给予明显的界定是从泰勒开始，泰勒在1871年出版的《原始文化（重译本）》一书中，将“文化”定义为：“文化，或文明，就其广泛的民族学意义来说，是包括全部的知识、信仰、艺术、道德、法律、风俗以及作为社会成员的人所掌握和接受的任何其他的才能和习惯的复合体。”②这一观点为后世普遍接受。之后，美国的两位学者阿尔弗雷德·路易斯·克罗伯和克莱德·克拉克洪在其合著的《文化：关于概念和定义的评述》中总结了194条关于文化的相关定义，是目前研究文化定义的经典书目。他们在书中也对文化做了阐释，如图1-8所示。

以上关于文化的概念，涵盖了人们生产和生活的各个方面，较为全面地反映了文化在生产与生活中的作用。

对外汉语教学中关于文化的研究可以追溯到20世纪80年代，早期的研究侧重于文化在对外汉语教学中的地位、形式、方法及原则，对外汉语教学中的文化的定义没有表述清楚。随着对外汉语教学的发展以及文化重要性的日益凸显，开始关注文化教学，并将这一部分的教学定位为语言不能脱离语言所依附的文化因素，这里的文化因素包括语言的结构系统、表达系统中涵盖的表现民族的价值观念、是非观念、风俗、生活方式、生产方式、起居饮食、审美倾向以及道德规范等。随着对外汉语教学的发展，文化教学进一步拓展，出现了知识文化与交际文化两种形式。

---

① 张岱年，方克立．中国文化概论［M］．北京：北京师范大学出版社，1994：2.

② 爱德华·泰勒．原始文化（重译本）［M］．连树声，译．桂林：广西师范大学出版社，2005：1.

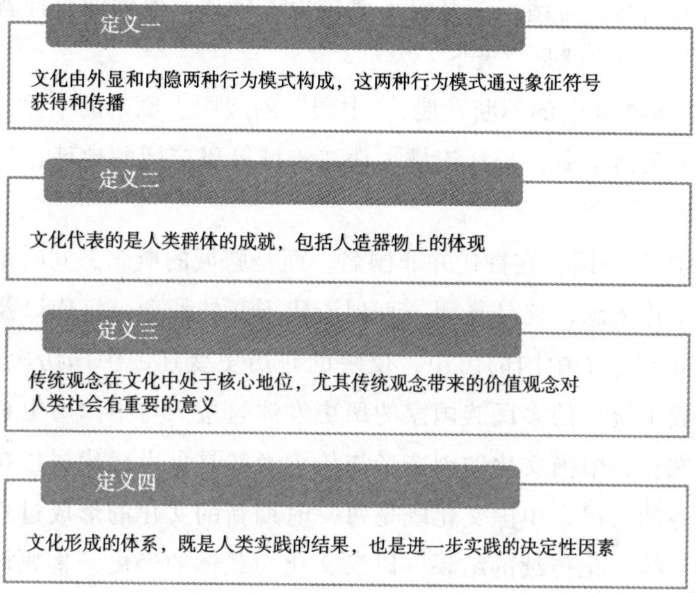

定义一
文化由外显和内隐两种行为模式构成，这两种行为模式通过象征符号获得和传播
定义二
文化代表的是人类群体的成就，包括人造器物上的体现
定义三
传统观念在文化中处于核心地位，尤其传统观念带来的价值观念对人类社会有重要的意义
定义四
文化形成的体系，既是人类实践的结果，也是进一步实践的决定性因素

图 1-8 文化的相关定义

知识文化是指单纯的语言本身的意义；而交际文化需要结合文化背景及交际环境，是“非语言的文化因素”，使得文化的含义进一步拓展，发展为跨文化交际，如图 1-9 所示。

文化因素
知识文化
交际文化
跨文化交际

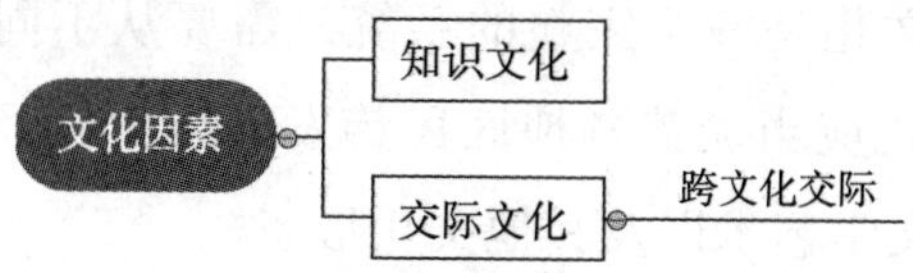

图 1-9 对外汉语教学中文化研究的演变

（二）中国文化

“中国”一词源远流长、意义深厚。商周时期，周天子居住的地方称为“中土”，周边诸侯在“中土”的东西南北方向布局，故“中国”是“中央之国”的意思，指的是以河南洛阳为中心的中原地带。

西周后期，四周各族群大量迁往中原地区，围绕黄河形成了多民

族聚集的局面，各诸侯国开启了诸侯争霸模式，他们的目标就是占据中原，因为中原就是“天下”。

随着人类社会的不断发展，“中国”的版图由原来的中原，逐渐发展为涵盖黄河上游、长江流域、珠江流域等更广阔的地域，各民族进一步融合。

“中国”一词，在古代并非国名，而是疆域的概念，同时是各民族认同的文化概念，这是夏朝一直到清代不变的概念。汉族以及各少数民族共同创造了中国的历史，反映的是历史变迁，中国历次分与合，逐渐形成了统一的多民族国家的历史发展轨迹。与中国历史相对应的是中国文化，中国文化的创造者与传承者都是世世代代居住在这片土地上的各族人民，中国文化既是每一时期新的文化的形成过程，又是不同时代的文化传续的结果。以汉文化为载体的经史子集典籍，是中国文化的核心内容，除此之外，中国文化形态还存在于世间万物中，呈现出意蕴深远的特征。

多元统一的中国文化凝聚着中华民族的智慧与文明。在中国文化中，有祖先对自然、社会、人生的辩证哲学，有诗词歌赋等文学，有不屈不挠、不断拼搏奋斗的精神等，呈现的是中国文化的深刻内涵。

因此，中国文化是一个完整的系统，需要从不同角度进行全方位的审视，中国文化应当涵盖各地区民族发展历史、经济形态、文化氛围、风俗习惯、文学艺术以及其他文化形态。

二、对外汉语教学

对外汉语教学具有多重属性，1994 年中国对外汉语教学学会召开了“对外汉语教学的定性、定位、定量问题座谈会”，对对外汉语教学做了明确的定位——既是一项事业的名称，也可以指一种工作或职业的名称，还可以是一个专业的名称，一门学科的名称。本书讨论的对外汉语教学是将对外汉语教学当作一门学科进行探讨。

要衡量学科是否具有独立性时，一要看是否有特定的研究对象；二要看是否有独特的研究方法；三要看是否形成了科学体系；四要看是否有研究成果。结合以上四个方面看对外汉语教学学科的发展及历史沿革发现，对外汉语教学是一门独立的学科，具有自身的独特属性。

对外汉语教学的学科属性属于语言学范畴，进一步细化为应用语言学范畴。在 1993 年 7 月教育部（原教育委员会）颁布的《普通高等学校本科专业目录和专业简介》中，将对外汉语教学划分到与汉语言并列的中国语言文学类之下的独立专业。此后，教育部颁布的《普通高等学校本科专业目录（2012）》《普通高等学校本科专业目录（2020）》将对外汉语、中国语言文化、中国学同时归到汉语国际教育中，体现了我国对外汉语教学的文化转向，如表 1–7 所示。本书中选择使用“对外汉语教学”这一名称，原因在于“对外汉语教学”使用时间最长，影响最大，且能全面地概括学科属性。

表 1–7 普通高等学校本科专业目录新旧专业对照表（节选）

基本专业			
专业代码	学科门类、专业类、专业名称	原专业代码	原学科门类、专业类、专业名称
05	学科门类：文学	05	学科门类：文学
0501	中国语言文学类	0501	中国语言文学类
050101	汉语言文学	050101	汉语言文学
050102	汉语言	050102	汉语言
050103	汉语国际教育	050103*	对外汉语
		050106W	中国语言文化

续 表

基本专业			
专业代码	学科门类、专业类、专业名称	原专业代码	原学科门类、专业类、专业名称
050103	汉语国际教育	050108S	中国学
		050104	中国少数民族语言文学
050105	古典文献学	050105*	古典文献

对外汉语教学的研究对象是对外国人的汉语教学，研究的是对外汉语教学的全过程以及与教学相关的外部及内部之间的关系。所以，对外汉语教学从学科属性上说是第二语言教学，同时它还区别于少数民族的汉语教学，是一种外语教学，同属于应用语言学的范畴。少数民族的汉语教学也将汉语作为第二语言进行教学，但少数民族属于中华民族大家庭中的一员，文化上大同小异，因此不在对外汉语教学的讨论范围之内。国外的汉语教学是在全新的环境下进行，文化的影响力小，加上资料搜集及研究能力的不足，也不能归到对外汉语教学的范畴中，所以对外汉语教学的主要研究对象是在中国国内的针对外国学生的汉语教学。

三、对外汉语文化教学

在较长的一段时间内，对外汉语教学注重语言结构，对文化方面关注较少，语言与文化应相互融合，在对外汉语教学中使语言教学与文化教学相结合。在对外汉语教学过程中，主要围绕教授哪些文化，如何处理语言教学与文化教学的关系等方面展开，这里需要注意两个基本问题，即对外汉语教学中语言与文化之间的关系处理、对外汉语教学中的文化教学与对外汉语文化教学之间的区别。

（一）对外汉语教学中语言与文化之间的关系

对外汉语教学中语言与文化之间的关系是下位与上位的关系，语言是文化的重要组成部分，文化涵盖了语言。文化区别于对外汉语教学中的文化，前者是从宏观角度、人类学范畴整体把握的概念，其范围广，内容较深；后者属于语言教学范畴的概念，将其界定为“外国人学习和理解汉语，使用汉语与中国人打交道的时候需要掌握的那种‘文化’，是语言学习和使用过程中所涉及的文化”①，其属于应用语言学的范畴。由此可以看出，对外汉语教学中的文化服务于语言教学的文化部分，不能涵盖所有的文化内容，由于受学科限制，其范围较小。但语言教学的文化部分往往涉及的领域较多，包括政治、经济、文学、艺术、历史、地理、生活等，进一步促进了文化的交流与传播。所以，不能简单地将对外汉语教学中的文化归到语言教学的文化部分，应该拓展到与汉语理解及运用相关的文化，其中包括中外的优秀文化。

（二）对外汉语教学中的文化教学与对外汉语文化教学之间的区别

文化教学可以分为文化因素教学和文化知识教学两种。文化因素教学指语言的语音、语义、语法方面的文化内容；文化知识教学指语言在社会交际过程中的文化内容，两者相区别。

对外汉语教学中的文化教学属于语言形式之间的文化，属于语言因素文化，围绕语音、语义、语法展开，属于文化语言学的范畴，因此，对外汉语教学中的文化教学的目的是扫清语言理解、语言应用方面的障碍，以语言为纽带来实现文化方面的教学，其本质属于语言技能教学。

对外汉语文化教学指向的是跨文化交际，不仅需要跨越语言的文化要素，还要克服交际过程中的各种困难。对外汉语文化教学的本质属于跨文化技能教学或者为“第二文化教学独有的一种教学方式”。②

---

① 林国立．构建对外汉语教学的文化因素体系——研制文化大纲之我见[J]．语言教学与研究，1997(1)：18-20.

② 张英．对外汉语文化因素与文化知识教学研究[J]．汉语学习，2006(6)：59-65.

在对外汉语教学中，应当着眼的文化是与语言相关的一切文化，因为对外汉语教学的目的，不仅是为了培养学生的跨文化语言交际能力，还进一步促进中外文化的交流，促进两者的相互认同与理解。外国留学生通过汉语的学习，不仅了解了我国灿烂的文化，还拓宽了视野，增进了交流。所以，对外汉语教学中涉及的文化范围较广，涵盖了多方面的文化。

第二章　对外汉语教学中文化教学的地位及紧迫性

第一节　语言与文化的关系

一、语言

（一）语言的定义

人类在劳动过程中创造了语言，语言是人类最重要的交流工具。语言的定义有广义和狭义之分。

广义的语言是一个音义结合的符号系统，包括姿势、表情等，广义的语言与当代的社会文化相结合，通过语言来传达特定时代的文化内涵。

狭义的语言仅指语言系统，以语音为能指，以语义为所指，充当人们日常的交流工具。狭义的语言又可以分为口头语言、书面语言以及文字。

语言是听觉符号系统，是特定的时间、空间下人们交流的工具。文字则是语言的书面形式，文字的产生拓展了语言在时间、空间上的交际功能，有效地弥补了语言这一听觉符号系统在人类交际中的不足，使人类文化更好地传承下去。

（二）语言的属性

语言的属性包括本质属性和一般属性，如图 2-1 所示。

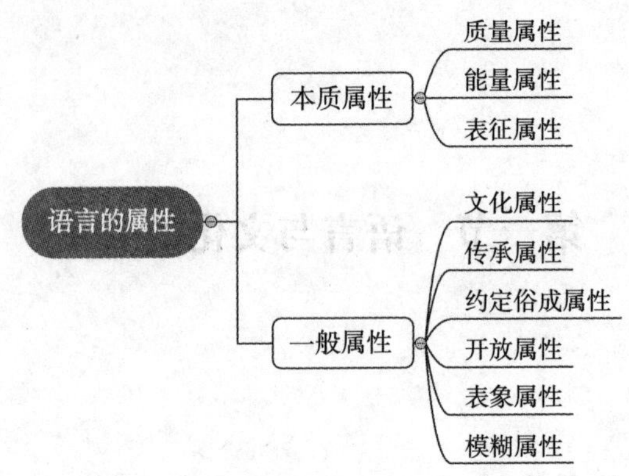

图 2-1 语言的本质属性与一般属性

1. 语言的本质属性

语言的本质属性表现为，“语言作为一种符号系统反映了它的质量属性，作为一种交际工具反映了它的能量属性，作为一种信息系统反映了它的表征属性，这三种属性是语言的基本属性，也是语言的本质属性”①。质量属性、能量属性、表征属性三者共同构成了语言的本质属性。

2. 语言的一般属性

（1）文化属性。语言本身就是文化的体现，主要表现在三个方面：

首先，语言属于一种文化现象，是人类精神活动的产物，受特定的历史文化的影响。

其次，在人类交往过程中，语言的输出、传播、接收整个使用过程都是在特定的文化背景下展开的。

最后，文化的传承与发展，需要借助语言手段进行使用、巩固与传承。

（2）传承属性。语言的产生与发展是代代相传的结果，语言作为人的精神产物及重要的交际工具，具有全民性、强制性的特点。

① 马学良，瞿霭堂 . 普通语言学 [M]. 北京：中央民族大学出版社，1997：2.

（3）约定俗成属性。语言的约定俗成表现为语言的产生、发展是社会集体意识的产物，是作为集体共享的交际工具存在，不会随着个人意志的改变而发生变化。

（4）开放属性。语言之所以生生不息，是因为其强大的生命力，虽然其内部表现为稳定性，但语言还具有开放性，通过内部创新以及外部渗透来表现社会发展及变化。

（5）表象属性。语言还可以表现形象思维、感觉、直觉、感情、意志等。形象思维不仅可以通过语言来表现，还可以通过绘画、音乐、建筑、舞蹈等形式表现，因此，语言的表象性是相对的，语言可以表现抽象思维，是抽象思维的必然介质，但却不是形象思维的必然介质。

（6）模糊属性。语言与思维的关系表现为，语言是思维的材料，同时是表达思维的记号。思维具有模糊性，表现在语言上同样使语言具有模糊性。汉语言中的“大小”“多少”“高矮”“胖瘦”等词语都具有模糊性，是对事物的一种主观概括，主要原因在于“度”的把握上没有明确的界限。语言的模糊性与语言的准确性相辅相成，共同组成了语言的一般属性。

除了以上属性之外，语言还具有系统性、稳定性、统一性、封闭性等一般属性。

（三）语言的基本功能

语言除了具有交际功能外，还发挥着记录、保存、传播以及认同的功能。

1. 交际功能

语言的交际功能体现了语言的社会属性，人类的交际方式分为视觉、听觉、触觉，语言主要充当的是听觉功能，而通过文字记录下来的语言充当的是视觉功能，从而形成了语言的交际功能。可以说，交际功能是语言首要的主导的社会功能。

2. 记录、保存、传播功能

语言是古代文化的“活化石”，表现了语言的记录、保存的功能。在文字产生之前，人们传承文化的方式是口耳相传，文字产生之后，语言仍然在许多文化中充当着重要的功能，促进了文化的记录、保存与传播。

3. 认同功能

语言的认同功能体现为语言是特定民族的产物。人们通过独具特色的语言来辨别他的身份，如使用汉语的人一般会认为他居住在中国，说英语的人一般认为他居住在使用英语的国家。而生活在本土的居民对自己的语言所持的是认同的态度，能学好本民族的语言，并以使用本民族语言为荣，采取积极行动，促进本民族语言的发展。

二、语言与文化的关系述要

文化的存在形式多种多样，如文字、工艺品、语言、建筑物，其背后蕴含着深厚的文化底蕴，其中语言与文化的关系密切，文化需要通过语言来表达，而文字通过记录语言来表达成为语言的载体。语言与文化之间的关系表现在以下几个方面。

（一）语言组成文化，是文化的重要部分

文化是人类创造的一切物质文明与精神文明的总和，语言是人类社会重要的精神财富，因此，语言成为人类文化的重要组成部分。语言既与其他文化体系保持独立，成为一个独立的体系，又是其他文化成果的凝聚体，“一个民族的所有成果，几乎在语言中都得到较为充分的反映”。因此，通过语言研究文化是一个重要的途径。

语言先于文化，语言促使个人的经验得以积累，促进人的协调能力的提高。人类之所以优于动物，具备自己的文化，除了脑力的差异之外，还表现在其可以运用语言，因此，语言对文化的传承与发展起着重要的作用。

（二）语言是文化现象

语言既是一种文化现象，也是一种社会现象，其本身具有社会属性。同时，语言的民族性、系统性、阶段性等都昭示着语言是一种文化现象。

（三）语言是文化的表现手段

语言不能脱离文化而独立存在，它是随着社会的发展而发展的。从语言本身来看，语言分为语音和语义，语音和语义都属于社会文化的范畴，每一个语音不同于大自然的声音，是为了传达有意义的声音，并使之产生意义；每一个词的语义都反映一定的社会背景，是各种文化现象与文化产品的总和。汉族语言，不同于其他民族的语言，是以汉族的特定文化背景为基础，经过不断积累，不断发展，形成的语言符号系统。故语言是文化的表现手段。

（四）语言是文化发展的前提

思维促进文化的发展，而思维的发展需要通过语言手段来实现。文化的发展是全体社会成员共同创造的结果，而语言在其中充当着文化发展过程中的交际工具。文化的发展是在原有的文化基础上，通过语言或文字的方式保存和传播的，文化的发展需要思维，思维的发展离不开语言。文化的发展需要全体社会成员的共同努力，只有通过语言工具，才能实现良好的沟通，达成一致。从大的方面看，跨文化交际过程中，也需要语言手段来一步步深入。

三、语言与文化关系的相关观点

（一）语言决定文化

著名学者萨丕尔认为，不同语言的表达方式会对同一客观世界提出不同的分析与解释，语言不仅影响人们的生活，还会影响人们的行为。其后，萨丕尔的学生沃尔夫在其观点的基础上提出了“语言决定论”，他认为语言在很大程度上决定了人的思维，故对事物的看法也不同，因此形成了不同的文化体系。沃尔夫比照了美洲霍皮印第安语言与均质欧洲语在结构方面的不同，得出两种语言形态上的差异，但关于文化形态上的差异，论证明显不足，因此，萨丕尔、沃尔夫两人的理论也被称为“萨丕尔－沃尔夫假说”。但语言对文化的影响之大也可见一斑。

（二）语言反映文化

语言反映文化主要体现在以下四点。

其一，语言是社会发展的产物，是随着社会的发展而不断变化的，因此语言也被看成是社会意识形态的一种。

其二，语言并非独立存在的，与文化有着密切的关系，体现了文化的方方面面。

其三，与语言相关的文献可以追溯所处的年代。

其四，文化的变化也会影响语音与语义的变化。

语言与文化之间还有诸多的不同，如图 2–2 所示。

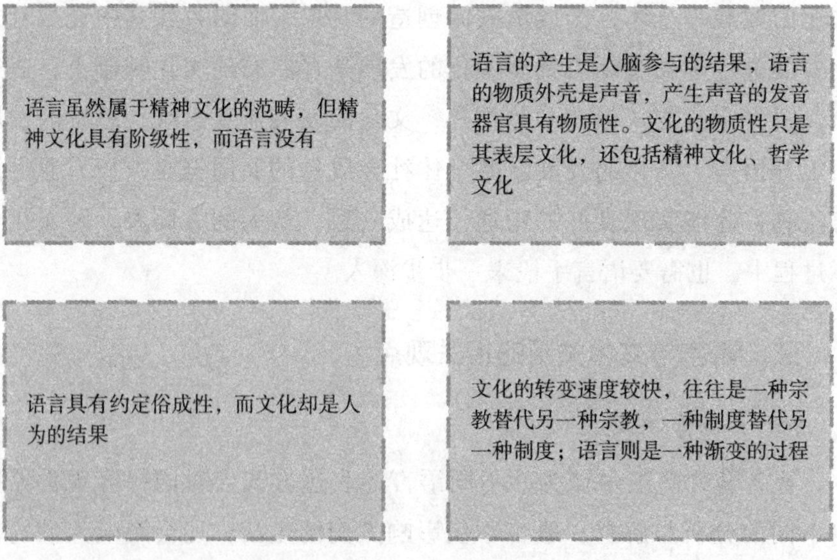

语言虽然属于精神文化的范畴，但精神文化具有阶级性，而语言没有

语言的产生是人脑参与的结果，语言的物质外壳是声音，产生声音的发音器官具有物质性。文化的物质性只是其表层文化，还包括精神文化、哲学文化

语言具有约定俗成性，而文化却是人为的结果

文化的转变速度较快，往往是一种宗教替代另一种宗教，一种制度替代另一种制度；语言则是一种渐变的过程

图 2–2　语言与文化之间的不同

以上论述说明语言与文化的关系是形式与内容的关系，语言可以表达与体现文化。

不可否认的是，语言与文化之间有着密切的关系，两者互相影响、互为补充，共同推进社会的发展与进步。

第二节　全球化背景下对外汉语文化教学的紧迫性

全球化背景下，国家与国家之间的联系日益密切，要参与到全球一体化、经济全球化中，就需要进行语言与文化的学习。在对外汉语教学过程中需要加强中国文化的学习，汉语的推广也需要中国文化的参与，汉语教学过程中应当加强文化方面的教学，促进文化的传播。对外汉语教学的紧迫性，主要表现在以下两个方面。

一、从微观上讲，留学生的汉语学习需要进行文化学习

从认知学角度看，学生的学习是通过认知，对信息进行编码、转换、组织、存储，最终形成较为稳定的认知结构的过程。学习是学习者的心理与环境之间的互动，学习者通过心理处理外界的信息。在学习第二语言的过程中，一种语言符号的信息编码不仅是符号，还表现出大量的文化信息。在解码过程中，解码文化又制约着编码文化，其意义会发生改变，因此，语言的学习需要一定的文化背景作为支撑。

在对外汉语教学过程中，留学生需要对汉语进行信息解码，将解码后的信息存储到认知结构中，最终习得汉语。在整个学习过程中，需要全面掌握汉语相关知识及文化背景，这样才能形成正确的认知。需要强调的是，汉语的习得不是简单的词组与词组的组合，留学生面临的是两种或两种以上文化之间的交流与碰撞，汉语学习是汉语语言与汉语文化同步进行的过程，汉语中不仅包含着中华民族的历史、文

化，还包含着民族的价值观、思维方式、心理等。对外汉语教学的本质不仅是语言的学习，还是文化的学习，因此语言教学与文化教学密不可分。要掌握一种语言，需要深入了解语言背后的文化因素，如果对文化一无所知，也难以真正掌握这门语言。

（一）汉语中蕴含着丰富的文化

在对外汉语教学中，汉语与文化相互关联，汉语不仅反映着中国博大精深的文化，还受到中国文化的制约，如果不掌握语言背后的文化，也就难以掌握和正确使用这门语言。张振兴在其《方言研究与对外汉语教学》一文中指出："汉语是最重要的交际工具之一，但汉语不仅仅是一种交际工具，跟汉语社会相联系的是人类社会中的一种及其深邃、久远、广阔的文化，因此，汉语是一种深刻的社会文化知识。从这样的角度来看待汉语，就可以看到汉语的概念里面所包含的内容是极其复杂，极其丰富多样的。"①

汉语中蕴含着丰富的中国文化，这些文化直接影响着留学生掌握汉语的程度，因此，这些文化成为对外汉语教学中的重要部分。

汉语也被称为"文化语言"，在语音、词汇、语法、汉字、语用方面都蕴含着丰富的中国文化。

1. 汉语语音与文化

汉语是以音节为单位组成的语言，汉语音节的使用呈现出高度集中的特点，同时存在大量的同音与谐音，借助谐音表达言外之意，经过不断的发展还形成了谐音文化。可以说，谐音的运用与文化传统相联系。谐音里可以找到许多中国传统文化渊源。人们在日常生活中，运用谐音的例子比比皆是。

吃年夜饭时，做的鱼不吃完，剩下一些，寓意着"年年有余"。

生活在东南沿海的渔民忌讳"沉""翻"，于是将"盛饭"说成"添饭"，将"翻"说成"转"。

---

① 张振兴 . 方言研究与对外汉语教学 [J]. 语言教学与研究，1999(4)：42-50.

汉语中的谐音文化表现出中国人特有的文化心理，儒家的“中庸”思想影响着人们的表达方式。另外，一语双关的艺术表达方式，使得汉语有了深意。

2. 汉语词汇与文化

汉语词汇与文化的关系最密切，因为文化的承载功能主要通过词汇来表现，大量的词汇反映出中国文化的特色，是与中华民族的发展历史关连在一起的，具有汉文化的意象，是区别于其他民族独特的词汇表达。

表达汉民族特有文化的词汇，概括起来可以分为四类，如图 2–3 所示。

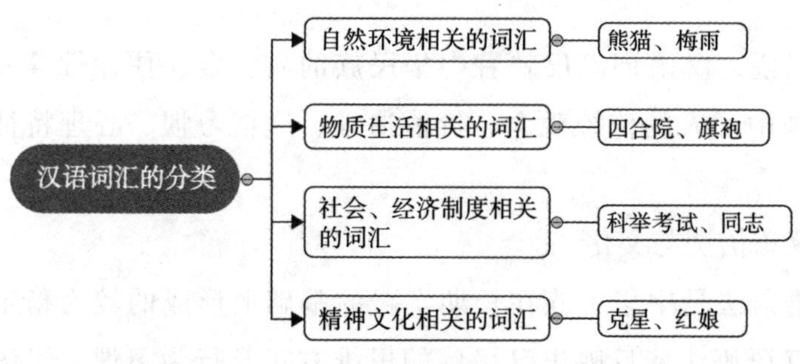

图 2–3　汉语词汇的分类

以上词汇体现着中国特有的文化内涵，在其他民族中找不到能与之对等的词语，必须结合中国文化才能正确解读。

一些词汇体现了中国文化特有的文化观念，如图 2–4 所示。

中国哲学的辩证法	体现等级尊卑的观念
黑白、长短、有无、成败、好歹	师生、男女、老少
体现中庸、和谐的观念	**体现中国人风骨**
和气生财、不偏不倚、枪打出头鸟、木秀于林风必摧之，人出于众众必非之	梅、兰、竹、菊

图 2–4 中国文化特有的文化观念及举例

可以说，汉语词汇反映着中华民族的衣、食、住、行等方面的文化，体现中国人的传统观念、价值追求、风俗习惯、心理特征以及审美倾向。

3. 汉语语法与文化

汉语语法是中华民族在长期实践的基础上形成的较为稳定的表达方式，汉语语法能反映出汉民族的思维方式及行为习惯。汉语属于孤立性语言，与印欧语系相比，没有过多的屈折变化，而是注重融合的意向及灵活的表达。

汉语语法与文化的关系可以概括为“以神统形”，具体表现为汉语句子是具有逻辑性的心理时间流，通过表达完整的意义达到交际目的，语言板块与各板块之间通过逻辑关联，组成铺排的句式，最终完成内容的表达。

汉语在遣词造句上表现出了极大的灵活性与简约性，如汉语中的双音节词语，一般由两个独立的语素组成，这些语素相互结合，呈现出某种意义。而语素又具有灵活性，可以结合，可以分离，变化多端。例如，“想”可以组成“想见”“想念”，两个语素都可以进行拆解，且拆解后的语素也能重新与其他语素组成新的词语。这种可以多样化组合的方式，体现出中国文化“合二为一”“一分为二”的哲学思想。汉语在遣词造句上的灵活性还表现在，不同的语素之间通过变换位置产生不同的语义，如“牛奶”与“奶牛”“图画”与“画图”“心痛”与“痛心”“晴天”与“天晴”“悲伤”与“伤悲”“饼干”与“干饼”“牙刷”与“刷牙”等，位置不同使词性发生了变化。

4. 汉语汉字与文化

汉字具有传承文化、传播思想的意义，许慎在《说文解字》中说道：“盖文字者，经艺之本，王政之始，前人所以垂后，后人所以识古。”其论述了文字是经艺的基础，也是政治的基础，前人用它将文化传给后人，后人用它认识古代文化，文字在文化传承上起着承前启后的作用。王宁在其《系统论与汉字构形学的创建》一文中提到了汉字对文化的意义，他说：“汉字是世界上唯一未曾中断使用而延续至今的表意文字系统，可以说，在包括甲骨文在内的每一层汉字共时平面上，都已经积淀了非常深厚的汉字本体历史，以及作为汉字存在背景的社会文化历史。”汉字有着悠久的历史，承载着深厚的文化传统。

从汉字字形来看，很多汉字的构建都体现了人本的倾向，如图 2-5 所示。

大——人的正立状态。

天——人头顶天的意思。

央——人在门框中央。

图 2-5　“大”“天”“央”大篆

人的所见、所闻、所感、所嗅都体现了人作为主体，对客观事物的反映，人们通过自我认识、自我体验、自我感悟来了解客观世界，创造独特且有深度的文字，而文字也反映了人们的所思、所想、所感。

从汉字结构上分析，汉字多为上下、左右、内外结构，体现的是对称、均衡的特征，这也是中华民族文化的一个显著特征。汉字本身还体现出中国特有的文化现象，如汉字字形的变化，发展成猜字、猜谜的文化传统，在对联中，通过猜字、组字、嫁接、变化等手法，形成了独特的艺术风格。

在对外汉语教学过程中，通过解读文化，从文化的角度来阐述汉字的特性亦是一个有效的尝试，可以溯源汉字，将文字与文化串联起来，增加了文字的文化性。

5. 汉语语用与文化

中国是礼仪之邦，要使留学生学到汉语的精髓，需要掌握汉语的语用规则及文化意义。汉语中区别于其他语言的词语是文化的独特性所在，需要特别注意，并花费精力掌握。例如，别人的妻子就有十几种称谓。

（1）你爱人身体怎么样？

（2）您夫人贵姓？

（3）听说老伴回老家了？

（4）你那位有什么意见？

（5）你太太在哪里呢？

（6）伯母最近身体好吗？

（7）你跟你媳妇关系好吗？

（8）你老婆回去了吗？

（9）你妻子真贤惠！

（10）另一半不错啊！

……

从这些称呼中可以看到，双方的关系不同，所使用的词语不同，这是语用方面的差异，这些需要教授给留学生，以便在不同场合下使用恰当的语言。

汉语语用的最大特点是委婉含蓄，如中国人一般不在公共场合批评人，点到为止，会顾及对方的感受。如果对别人的请求难以满足，也会采用迂回的方式婉拒，这样既不伤害对方的面子，也不失礼貌地拒绝了对方。

中国人表现出自谦的一面，一些自谦的词语如“拙见”“浅见”“拙作”“寒舍”等，面对别人的赞扬，也是习惯性地谦虚，如“过奖了”“谬赞了”“我做的还不够好”等。

由以上几点可以看出，汉语是一个复杂的语言系统，其中蕴含着丰富的文化，语言不仅是交际的工具，具有文化的规定性，还是连接语言与民族的桥梁。在对外汉语教学过程中，需要加入中国文化的品质与特质，不仅训练语言本身，还要传承其中的文化精髓，掌握中华民族的思维逻辑及精神内核。

（二）文化制约着留学生的汉语学习

在对外汉语教学中，往往将重点放在了语音、语法、词汇等语言知识的分析上，对中西方的文化差异及汉语文化了解较少，因此导致语言与文化之间的勾连度不够，因此留学生学到的只是形式上的汉语，脱离了汉语文化语境，也领会不到汉民族的精神内核。在这样的背景下，外国留学生将母语文化习惯及模式套用在汉语学习上，从而产生了文化干扰，不利于汉语的学习。因为留学生来自世界上不同国家和地区，这些地方的语言及文化都具有独特性，如果留学生忽略了文化及语言的差异性，会导致留学生的汉语文化不同程度地缺失，不利于汉语语言及文化的学习。

语言不仅是人们交际时的工具，还是人们思维的重要标志，任何语言教学的切入点必须是语言，然而语言又是思维的陷阱，不同的文化背景下有着不同的语言解读，汉语言的学习应当放在特定的中国文化背景下进行解读。吕必松在其《对外汉语教学学科理论建设的现状和面临的问题》一文中提到了文化现象对语言学习的影响，他说：“人们在学习第二语言的过程中，特别是在学习外语的过程中，必然会遇到一些不熟悉或难以理解的文化现象，这类文化现象就成为理解和使用目的语的文化障碍。要消除这种文化障碍，在第二语言教学中就必须同时进行相关文化因素的教学。”①

他还指出对文化现象要进行专门的研究，通过建立系统的研究来推动第二语言教学的发展。

外国留学生学习汉语时，需要特别注重文化的学习，原因如下。

其一，文化促进留学生语言学习能力的养成。留学生在学习汉语之前对汉语语言及文化了解较少，且汉语与其他语言的相关性较少，汉藏语系与其他语言的亲属关系较远，对于留学生来说，汉语是一个全新的、陌生的语言。加上汉语发展历史悠久，从甲骨文、金文一直到现在，体现了中国文化的博大精深。文化贯穿于人们的衣食住行中，对人们的行为产生潜移默化的影响，这些影响往往不为人们所察觉，只有通过对比语言与文化，才能表现出差异来。对外汉语教学需要将汉语的学习放在文化的大背景下，才能培养留学生的语言学习能力。

其二，文化能有效避免交际障碍。人要适应所处的环境，以及这种环境下的生活模式及生活标准，一个人在出生时，所处环境的风俗习惯塑造着他的行为与经验，到开始说话时，就成了自己文化的创造者，待到长大之后，参与到文化的传承与传播中，已经养成了特定环境下的信仰及习惯。到中国留学的学生，大多数的信仰及习惯已经定型，被赋予了独特的文化基因。在接触到汉语时，会时不时地受“文化遗产基因”的影响，产生区别于汉语语言及文化的心理行为。在汉语学习过程中，已有的语言结构及文化会与汉语及其文化产生交流与

① 吕必松．对外汉语教学学科理论建设的现状和面临的问题[J].语言文字应用，1999(4)：3-11.

碰撞，如果能相互促进，则会促进留学生的汉语学习，如果相互干扰，则不利于留学生的汉语学习。在对外汉语教学中，老师通过母语文化与汉语文化之间的比较，了解不同语言之间的差异，避免语言障碍。

其三，文化直接制约着语言学习成功与否。语言的学习除了要学会正确的发音、语法之外，还要掌握语言背后的文化深意，力图在交际中表现出得体性、恰当性。以上能力的形成与文化的理解密不可分。对外汉语的对象来自不同国家与地区，留学生的母语及文化背景各不相同。在学习汉语的过程中，会不可避免地植入原有的价值观、思维方式以及语言表达方式。学习汉民族的文化对汉语学习有着重要的作用，直接制约着汉语学习成功与否。当前的对外汉语教学中，会注意到文化差异，注意到语言因为不同文化产生的不同的意义。因此，为了更快、更好地学习和掌握汉语言学习，需要文化的深层次掌握。

（三）文化教学的趣味性

文化与语言相比，更具有趣味性，能激发留学生学习汉语的动机。语言的学习是词汇的积累过程，这一过程需要不断重复与练习，容易使留学生产生疲倦感，也一定程度上削弱了留学生学习汉语的热情。在对外汉语教学时，留学生面对复杂的语言、陌生的文化，常常使留学生丧失学习的积极性，产生倦怠感。

动机是维持个体运作，激励人们某种行为的心理状态，拥有学习动机可以促进学生努力学习，并化为内在力量，调动留学生学习的积极性与主动性。对于第二语言习得来说，其动机在于产生了要学好这门语言的强烈愿望。美国著名心理学家华莱士·兰伯特在《双语现象的社会心理》研究中解释学习动机时说道："如果一个学生想要学习另一个共同体的语言并想学好它，他必须愿意并且能够采纳代表另一个语言文化集团的行为方式，包括言语方式。学习者民族主义倾向的强弱和他对其他集团的态度好坏，据信是他能否在学习新的语言中获得成功的关键。”①

兰伯特将学习第二语言的动机分为实用动机和归附动机，实用动机是基于功利的目的进行的学习，归附动机则是对某一语言及文化有着天然的好感，并希望成为语言和文化的参与者。如果学习者的动机属于归附动机，则学习者学习的动机是发自内在的动机，能表现出持久的学习耐力与学习热情。第二语言教学的实践表明，如果留学生对所学的第二语言有着某些偏见，或者其动机属于实用动机，则在学习汇总时主动性较差，其语言的学习也多流于表面，有的还会因为文化上的差异而产生抵触情绪，导致最后放弃语言的学习。同样，如果学习者带来激情的归附动机，想要了解目的语国家的语言及文化，则在学习过程中表现为较强的主动性、自觉性，会主动学习这门语言，并将所学的语言“现学现卖”，运用于具体的语境中，当然也会获得持久的热情以及良好的学习效果。

从当前的留学生学习汉语的状态来看，大多数留学生学习汉语的目的是处于实用动机，留学生学习汉语的动机概括为以下几种，如图 2-6 所示。

① 祝瑾．社会语言学译文集[C]．北京：北京大学出版社，1985：277．

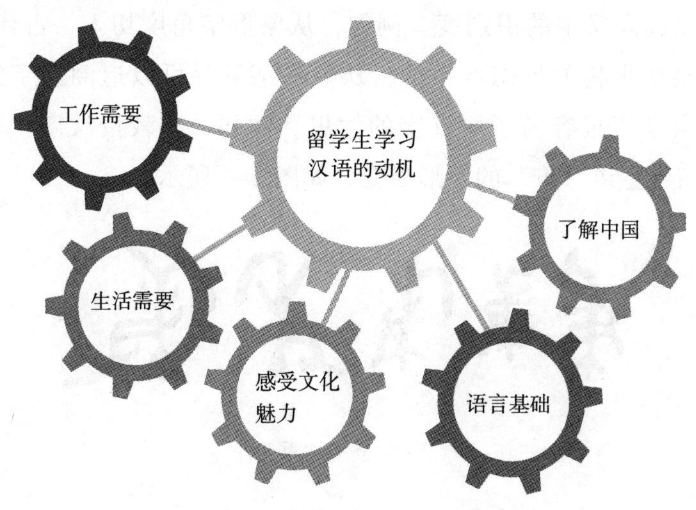

图 2-6　留学生学习汉语的动机

从以上动机可以看出，多数留学生处于使用动机，单纯出于归附动机的较少，然而归附动机一般是在实用动机的基础上发展而来的，当留学生学习到一定程度，体会到中国文化的真正魅力时，进而从实用动机转化为归附动机，进一步了解中国博大精深的文化。

外国留学生刚开始接触汉语时，无论在生活上还是学习上都会有某种程度的不适应，有的不适应严重到一定程度后会导致“文化休克”，采取逃避或者对抗心理，最终会影响留学生的学习。从强化动机角度切入，留学生学习汉语有利于冲破思维定式，以一种全新的方式接纳新的语言及文化。在语言教学过程中始终贯穿文化教学，可以使枯燥无味的语言学习变得有趣，文化敏感性的培养，将进一步激发留学生对汉民族的探索兴趣与动机，从而促进汉语的学习。同样，文化的学习也会进一步促进语言的学习与掌握。

汉字对于留学生来说，能产生的迁移较少，因为以拼音文字为母语的留学生，刚接触到汉字时，觉得汉字难认、难读、难写、难记，这是因为留学生不了解汉字的产生及演变。在教学中加入一些文化元素，可以提高汉字的识别度。例如，从象形字角度切入，古代的汉字有的是模仿事物的形态产生的，从象形字下手可以追溯汉字的源头，也使得留学生很容易了解汉字的意思。例如，在教授汉字“秉”时，可以给留学生讲“秉”的字形演变，如图 2–7 所示。

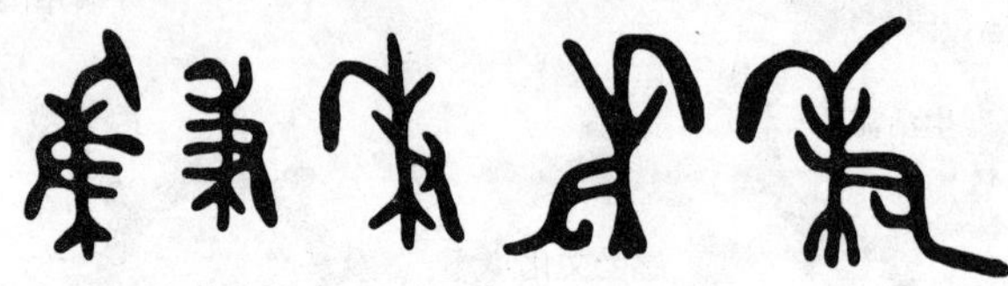

（a）金文“秉”

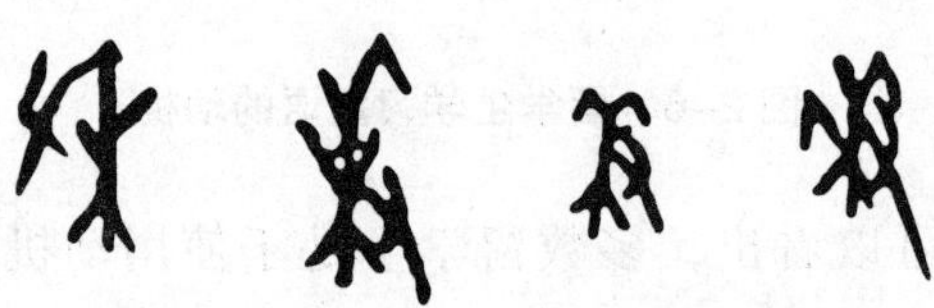

（b）甲骨文“秉”

图 2–7 “秉”的字形

“秉”造字本义是一手执刀，一手持株，收割庄稼。许慎的《说文解字》解释为:“秉，禾束也。从又持禾。”

“秉”发展到今天主要充当动词，共有三个含义。

（1）动词：手持植株，收割庄稼。

（2）动词：抓握、执持。

（3）动词：掌握、主持。

以上可以看出，无论“秉”的含义如何变化，都与人相关，都是在“拿”“握”的基础上引申发展出来的意义。留学生只要把握了汉字的本义，其延伸义也较为容易理解。在讲述象形字的时候，还可以请同学模仿象形字，可以有效激发学生的学习兴趣，而在摹写过程中也会加深对汉字的理解。

同样，在学习汉字时，还可以利用顺口溜的形式，将汉字编成一首首短小精悍、朗朗上口的押韵诗句，帮助学生记忆，如“走过山石岩，到了白水泉；几勺鱼羊鲜，口中舌甘甜”，通过这四句，记住四字：山石——岩、白水——泉、鱼羊——鲜、舌甘——甜，这种押韵的诗句巧妙地解释了汉字的上下、左右结构，通过押韵带入了生活化场景，在节奏的带领下，有效激发了学生的兴趣，增强了其学习的动机。

文化教学的趣味性还表现在能给学生以美的感受。例如，在讲授乐器时，汉语教师在介绍了能代表中国独有的民族乐器后，还可带领学生一起欣赏演奏会，演奏中的琵琶、笛子、古筝、扬琴等乐器都给学生们留下了深刻的印象。众所周知，小提琴、钢琴等乐器之所以在世界范围内的影响较大，是因为其独特的音色和音质，受到全世界人们的喜爱，而中国的乐器受众相对较少，并非因为音色和音质，而是触及到的人群少。留学生通过聆听乐器的声音，体会到音乐的独特魅力，从而产生深入了解乐器及音乐文化的兴趣。在讲到民歌时，对外汉语教师可播放《茉莉花》，并鉴赏歌词，聆听优美的曲调。

老师可以这样向留学生介绍该歌曲，《茉莉花》先后在雅典奥运会闭幕式、北京奥运会开幕式、南京青奥会开幕式等重大场面上演出，在中国以及国际具有极高的知名度，在中国及世界广为传颂，是中国文化的代表元素之一。透过歌词和优美平和的旋律，可以让留学生体会中国文化阳刚之外的柔美。

二、从宏观上讲，当今社会的发展需要文化教学

当前，全球化趋势不可逆转，在全世界范围内，掀起了一股势不可挡的浪潮。人们逐渐发现越来越多的领域开始出现关联，通常认为只是孤立的和依次发生的事件原来是事物的有规律的变化和有着某种内在的关联，呈现出全球化的特点，这种全球性成为事物的普遍特征。

全球化使跨国交往日益频繁，包括政府之间的交流、企业之间的

交流、劳动力的输入与输出、专家与专家间的学术交流、民间观光旅游等都大大促进了跨国交流，在这样的情况下，跨文化交际也日益频繁。

（一）多元文化发展与文化教学

一方面，全球一体化加速了文化交流，增强了文化认同感；另一方面，随着社会结构的不断升级，人际交往呈现出复杂化、频繁化，信息流动的范围不断扩大，人们在求同的同时，更加注重自我文化的独特性，这是彰显文化魅力的关键。因此，当下人类社会的文化呈现出多元性。文化的多元性受不同国家、民族的地理位置及环境的影响，也受各民族不同的文化的影响。从哲学上讲，文化的多元性是由事物发展的多样性造成的。经济全球化成为当今时代发展的主题，文化作为上层建筑，不可避免地受经济全球化的影响，加速了世界范围内的文化的交流、互动与整合。

当前的世界是多民族共同发展的世界，民族的多样性决定了文化的多元性。人类文化之所以是一个不断发展的过程，归根究底是因为各民族文化上的兼收并蓄。各民族的文化丰富多样，且各有其特点。多元文化与多样化发展对人类文明不仅不是灾难，反而因为文化的多元性，促进人类文化的多元发展，为人类文明进步提供不竭的动力，进而创造与发展人类文明新形态。

对外汉语教学的目的是培养学生在多元文化共生时代的适应能力，为留学生构建一个和谐共生的文化环境，为每一位留学生提供自由的文化选择权利，努力消除文化之间的隔阂，促进文化多元化局面的形成。中国文化以兼容并蓄的态度对待不同文化，因此为留学生营造的自由、开放的文化环境正是中国文化本身的魅力所在。在施教过程中，平等地对待每一位留学生，平等地对待每一种文化个体，尊重文化差异，通过不同途径的探索，挖掘留学生的跨文化交际能力。

（二）中国文化与文化教学

文化里蕴含着一个民族的精神、气质，显示出民族强大的生命力、凝聚力、创造力，如果没有了文化，民族也就失去了存在的意义。近年来，软实力成为国家间竞争的重要领域。软实力与硬实力是衡量国家强大的基本标准，硬实力包括经济、科技、军事等方面；软实力是意识形态吸引力及文化体现出来的力量，集中表现为文化影响力、制度影响力、意识形态影响力。

文化软实力在国际竞争中扮演着重要的角色，当下各国在交流中非常重视文化的作用，都在开发文化资源，拓展文化传播途径。例如，美、英、法、德等在国内设置了专门的语言或者文化传播机构，传播本国的文化，促进文化的交流与发展。对于语言文化软实力来说，语言能对其他国家的意愿及决策产生无形的影响。所以，各国尝试各种办法向外推广自己的语言及文化。例如，孔子学院的设立，截至目前，我国已经在 162 个国家和地区建立了近 600 家孔子学院，中小学孔子课堂的数量也超过了 1000 个。孔子学院的建立是为了汉语学习及中国文化的学习提供服务，在推动国际中文教育中发挥着重要作用，成为外国人了解中国、认识中国的一个重要窗口。

对外汉语教学可以更好地推动中国文化走出去，增进世界各国对中国的认识，为中国树立良好的国家形象。除此之外，对外语言教学还应进一步提升我国的文化软实力，切实维护国家文化安全。对外汉语教学注重语言教学的同时，要加强中华文化的传播与发展，同汉语一样推向世界，为世界所认识。对外汉语教学是文化推广的前沿阵地，在教学过程中应当具备世界眼光，加强对中国文化的推广，深入挖掘中国文化背后的深意，提升中国文化在世界文化中的地位，进一步推动人类文明的发展。文化教学的开展可以满足世界各国极速增长的汉语需求，为世界各国培养汉语人才。不仅如此，文化教学进一步扩大了汉语流动的范围，加强了与各国人民之间的合作，促进了经济、政治、文化方面的发展。

在对外汉语教学过程中，应当加强文化教学，站在中国文化的高度，在语言教学中将汉语基础知识与中国文化相结合，让留学生深刻体会中国文化的精髓，甚至在他们的言行中有所影响、有所体现。对外汉语教学的目的是需要为外国留学生搭建一个语言与文化交流的平台，在这一平台上，可以展现中国语言的魅力，进一步展现中国文化的博大精深，不断强化他们对中国文化的认同感，提高他们的汉语综合能力。如果说19世纪是军事征服世界的时代，20世纪是经济发展的时代，那么21世纪就是以文化建立的新时代，中国文化需要彰显当代价值，中国文化需要提高世界地位。因此，在对外汉语教学中，应当将文化教学作为一项紧迫的任务。将对外汉语教学看成是一项国家和民族的事业，培养更多的汉语国际人才，这样才能将汉语推向世界，进而提升中国文化在世界的影响。

第三章　基于文化的对外汉语教学的教学指向及内容创新

第一节　对外汉语文化教学指向的创新

一、对外汉语教学中文化教学的必要性

语言与文化之间的关系非常密切，语言不仅是人类交流、交际的工具，还是文化传播的介质。汉语是中华民族物质文明与精神文明的外化表现形式，通过汉语可以看到中华民族的政治观念、价值观念、生活习惯等文化方面的特征。因此，对外汉语中的文化教学对于开展对外汉语教学，增进各国之间的交流具有积极的意义。

对外汉语教学中文化教学具有现实必要性，具体表现为两点。

其一，对外汉语教学的目的是培养外国留学生掌握汉语的语言及文化方面的认识，促进跨文化交际能力的培养。对外汉语教学的最大特点在于语言教学与文化教学是紧密结合在一起的，两者是相互统一的。如果留学生在汉语学习过程中单方面地学习语言，而没有文化方面的涉猎，那么留学生学习起来非常困难，难以真正理解词义，导致汉语学习的成果不够理想，严重的可能会产生厌学倾向。

其二，外国留学生学习汉语，多从实用方面考虑，但多数的留学生是因为对中国文化感兴趣，因此学习语言并非他们的最终目的，真正领略到中国文化的博大精深才是他们学习汉语的最终目的。因此，文化层面的内容需要贯穿于语言学习的整个过程，真正引导留学生体会中国文化的内在魅力。

二、对外汉语教学中文化教学的原则

对外汉语教学中文化教学应遵循两大原则。

（一）因材施教原则

教师在开展对外汉语教学之前，需要了解留学生个体情况，包括是否有汉语基础、学习汉语的程度、学习汉语的时间、对中国文化感兴趣的部分等，有了这些了解，教师可以有针对性地开展教学。欧美留学生，其侧重点在说、听上，对汉字的书写不太感兴趣，通常在课堂上表现得非常活跃，课下的汉字书写表现得较为消极。对外汉语教学应当充分利用留学生听、说方面的兴趣，采用多样化的课堂教学形式，传统课堂注重内容的讲解，现代课堂需要适时调整教学方案，增加一些互动环节，以此来提高课堂的参与度。在课堂教学过程中，学生可以和老师开展情景对话，从简单的对话开始，逐渐增加难度，在这一过程中，融入中国文化方面的教学，增加他们学习中国文化的兴趣。

日本、韩国的留学生在汉字书写方面没有问题，这一类学生不仅在听、说上占优势，在书写上也表现出较大的兴趣，因此这类学生在课堂教学时应当安排阅读、书法、电影等形式，提高他们的识字量。除此之外，教师应当活用教材，有的班级留学生人数较少，可以根据具体的情况选择话题式、对答式、讨论式等方式，可以切入的点很多，如有的留学生对中国少数民族文化非常感兴趣，可以安排留学生自主搜索感兴趣的民族文化及饮食习惯，在课堂上留学生可以就搜索的资料畅所欲言，老师需要先听取留学生的准备情况，再纠正留学生在发言时的一些错误，帮助留学生加深对中国文化的理解。

因材施教原则还应当充分尊重留学生的母语文化，在教学中把握好文化教学的度，尽量避免中西文化冲突，应当在平等的基础上相互尊重。

（二）循序渐进原则

根据留学生的汉语学习状况，可以将留学生的汉语水平分为初级班、中级班和高级班。不同水平的留学生，在对外汉语教学中需要教授不同的内容。对于初级班的留学生来说，对外汉语教学的重点应放在语音上，文化方面的介绍较少。中级班的留学生，其学习的重点是词汇及语法，这一阶段的学习集中在语言和文化教学上，文化部分的内容不断增加，教师可以将所学的词语与文化相结合，激发留学生学习汉语的热情。例如，可以加入一些成语的学习，这样可以增强教学的趣味性，激发留学生学习汉语的兴趣。高级班的留学生已经有了很好的汉语基础，因此对这类留学生可以深层次地灌输中国文化，让他们掌握中国的道德观念、文学、历史等方面的知识，同时这一阶段可以增强中西方文化的对比，以达到语言教学和文化传输的双赢效果。

从初级阶段到中级阶段，再到高级阶段，根据不同的阶段制定相应的内容，遵循了循序渐进的原则。需要强调的是，汉语教师需要有标准的语音，在讲述语法时要规范，同时需要具备一定的文化素养及文化功底，只有这样才能将中国文化传授给留学生，留学生通过学习中国文化，加深了对中国的了解。

总而言之，语言学习的过程从本质上说也是学习文化的过程。对外汉语教学中需要学生学习中国文化，通过知识与文化的学习来增强学生的跨文化交际能力，最终使留学生学到汉语的精髓，加强两国的交流与发展。

三、对外汉语文化教学的指向创新

对外汉语文化教学的指向创新包括五个方面，如图 3-1 所示。

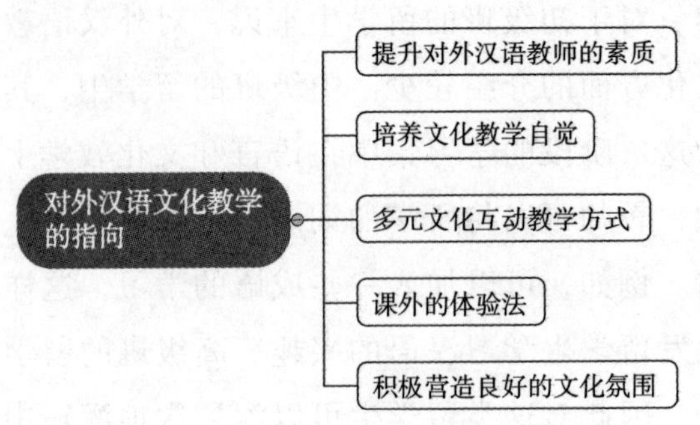

图 3-1 对外汉语文化教学的指向

（一）提升对外汉语教师的素质

对外汉语教师在对外汉语教学过程中起着引导作用，对外汉语教师素质的高低直接影响着留学生汉语素质的高低。因此，对外汉语教师需要加强自身的素质建设，成为受欢迎的对外汉语教师。

1. 对外汉语教师的文化基础知识

对外汉语教师需要熟练掌握本国的文化基础知识，促进整体性、系统性的文化知识系统构建。对外汉语教师在中国文化传播过程中充当着文化传播者的角色，可以说是中国文化的代言人，对外汉语教师所充当的角色是连接中国与外国文化的纽带。因此，除了教师自身需要不断加强学习之外，国家还应当出台相关政策为教师的自我发展提供良好的环境，这样，对外汉语教师就能培养更多的对外汉语人才，有利于提升中国文化在世界范围内的影响力。

教师在实践过程中，应当接受严格的、科学的、系统的学习与训练，了解留学生心理，牢固文化基础知识、教学规律以及科学的方法。对外汉语教师应对中国文化抱有积极乐观的态度，并按照一定的逻辑顺序伴随着语言学习渗透出来，以此来激发留学生学习汉语的兴趣。

2. 对外汉语教师的跨文化教学能力

跨文化教学能力考察的是汉语教师对不同地域文化的了解程度，

对外汉语教师需要了解留学生母语文化与中国文化之间的差异，善于从两国文化差异中找到突破口，增强对外汉语教师的跨文化教学能力。

有些中国文化在留学生的母语文化中找不到相关的事物，特别是古代一些抽象的术语如“无为”“中庸”等，对于这些词语的教学，应当采用跨文化转译的方式来解释中国文化，帮助留学生理解中国特有文化。例如，赛珍珠将“麻将”一词，译成“sparrow dominoes”，“sparrow ”一词是麻雀的意思，因为中国麻将第一张牌上印有麻雀图案，因此利用跨文化转译方式，很容易让留学生认识到麻将就是类似于多米诺骨牌的棋牌游戏。

（二）培养文化教学自觉

对外汉语教学从理论上讲是关于汉语言的学习，但在教学中教学的理想状态是语言文化一体化教学。在对外汉语教学中，需要以文化背景为依托，以语言为方式，融入日常的教学中。因此，需要重新定位对外汉语关于语言与文化的关系，摒弃以往将对外汉语视为纯语言工具的实用主义的教学倾向，培养文化教学的觉醒。只有这样，留学生才能在了解中国文化的基础上，学好汉语，进而提高跨文化交际能力。

在对外汉语教学中，文化的学习是一个循序渐进的过程，我们需要慢慢引导留学生学习语言，并在语言学习过程中渗透文化，引导留学生主动探索中国文化的奥秘。另外，对外汉语教师还要真实、客观地解释中国文化，不可以夸大、扭曲文化，同时，对外汉语教师还需要具备足够的耐心去传播文化，通过自身的人格魅力去影响广大留学生，引导他们学习和领悟中国文化的魅力。

（三）多元文化互动教学方式

对外汉语课堂的形式多种多样，一般通过理论加实践的方法进行授课，这样有利于语言的巩固，提高其运用汉语的能力。文化教学根据内容的不同，可以分为不同的教学形式，多数的教学内容通过课堂教学来完成。

还有一部分是体验式教学，通过体验活动，如到剧院看戏、博物馆参观文物、茶馆喝茶等，亲自体验来感受中国文化的魅力，学生还可以通过角色扮演，提高留学生的跨文化交际意识。尤其在体验式教学中，学生可以发挥自己的主观能动性，主动思考，更好地感受中国文化的魅力。

另外，对外汉语教师还可以组织留学生开展一些文化专题性质的课程，帮助留学生了解专题文化，如中国的茶文化、酒文化、瓷器文化、剪纸文化、武术艺术等，留学生身临其境地感受中国文化，不仅可以收获专题文化体验，还能获得无穷的乐趣，有助于留学生更好地接收中国文化，成为跨文化交际的积极践行者。

（四）课外的体验法

这里的课外体验区别于体验式教学，强调的是教师引导学生体验文化的课外模式，属于课外体验教学。留学生通过参加各种文化实践活动，将文化体验从课堂搬到了课外，让留学生在现实生活中体验中国文化的魅力。

留学生的课外体验法也多种多样，如中国的传统节日，学校可以在传统节日来临时组织留学生感受传统文化节日气氛。中国的多数节日与“吃”有关，因此，不同的节日吃不同的美食，如元宵节吃元宵、端午节吃粽子、中秋节吃月饼等，中国的美食中还有饺子，但凡节日都有吃饺子的习俗。可以在节日来临时组织留学生学习包饺子，在包饺子时讲述饺子的来历、做法以及所蕴含的文化，这样留学生不仅了解了饺子的来历，还参与了饺子的制作过程，还品尝了饺子的味道，认真体会饺子背后深厚的文化寓意。例如，聊城大学举办的“和北京冬奥一起向未来”活动，在迎接北京冬奥会开幕倒计时三十天之际，2022 年 1 月 3 日，国际教育交流学院举办了“和北京冬奥一起向未来”

主题活动，师生用汉服表演、诗词朗诵、民族风舞蹈等为北京冬奥会送上诚挚的祝福。热情的民族风舞蹈点燃冬奥激情；汉服情景剧《踏雪归》演绎出冰雪奇幻；国际学生的太极拳表演形神兼备。师生合作的诗歌朗诵《相约冬奥》《冰雪之约，中国之邀》《燃情冰雪，拼出未来》《燃烧的雪花》等，欢迎全世界冬奥会运动员相约中国，相约北京，为顽强拼搏的运动员们加油。留学生通过这些活动真实地感受到中国奥运会的盛况。

（五）积极营造良好的文化氛围

文化的魅力在于它是民族存在的标志，是民族强盛的根本，民族的文化代表着民族的性格，更是民族的未来。中国文化的魅力在于它有着悠久的历史，同时蕴含着丰富的内涵，中国文化具有独特性、区域性、包容性与民族性。这些文化特征都需要贯穿在对外汉语教学中。

在对外汉语教学过程中，需要对外汉语教师营造一个良好的文化氛围，让留学生不仅感受到语言世界，还能沉浸在良好的文化氛围之中。文化氛围的渗透引导留学生逐渐接受中国文化，学校可以每周举行汉语角活动，学习中国文化，通过经典诵读、国画、书法、古筝等，开展跨文化交际，这样既丰富了学生的业余时间，也激发了学生学习汉语的乐趣，在交际中感受中国文化。

第二节　对外汉语教学的语言教学创新

在对外汉语课堂教学中，需要引导留学生关注汉语语言本身的特点。而语言本身具有复杂性，将汉语教学的经验与常识引入对外汉语，创新对外汉语教学语言教学，把握语言教学、词汇教学、语法教学基本规律，拓展语言教学形式能促进对外汉语语言教学的创新。

一、强化对外汉语的语音教学

在对外汉语学习之初需要“正音”即语音教学，这是教学的重要环节，“正音”直接关系到留学生学习汉语听与说的能力的训练，同时关系到留学生日后说汉语的口音。留学生因为在短时间内无法改变原有口音，即便到了汉语学习的高级阶段，“正音”仍然需要。

根据对外汉语三个阶段的不同特点，“正音”教学的重点也不相同，如图 3-2 所示。

初级阶段

“正音”的重点在字音上，即纠正留学生声母、韵母、声调方面的偏差

中级阶段

“正音”的重点在词语上，即纠正留学生词语方面的偏差

高级阶段

这一阶段，“正音”虽然不是教学的重点，但在教学过程中，一旦产生偏差，及时进行纠正

图 3-2　不同阶段的“正音”要求

在对外汉语教学中，“正音”意味着加强声母、韵母、声调、语调、音节、轻声词、语流音变等方面的教学。

（一）声母

声母、韵母、声调共同构成了汉语语音，在对外汉语教学过程中，主要采用的教学方法归纳为以下几个，如图 3-3 所示。

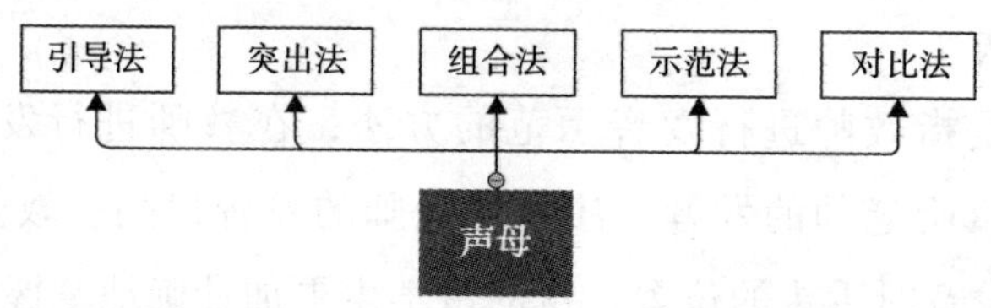

图 3-3　对外汉语教学声母教学法

1. 引导法

引导法是指对外汉语教师引导留学生从已掌握的音的基础上去发另一个相似的音。一方面，如果留学生的母语中有类似汉语的发音，可以引导留学生在母语的基础上来学习汉语的发音；另一方面，引导留学生从已经掌握的汉语声母开始，学习新的声母发音，如 b-p、d-t、n-l、g-k。

引导法的使用帮助留学生学习新的声母，进一步引导留学生体会各声母的不同。

2. 突出法

突出法着重强调某个语音的发音，培养留学生正确的发音习惯，加深语音印象。突出法常用在送气音的使用上，根据气流的强弱，汉语的送气音分为强送气音和弱送气音。多数的母语辅音中没有这种区别，因此导致留学生不容易把握汉语的这种区别。对外汉语教师面对初级阶段的留学生在发音时应当拉大强送气音与弱送气音之间的距离，增加送气音的力度，厘清两者之间的区别。

3. 组合法

组合法是利用汉语的音素与音素的组合发出的或者纠正某个音的方法。语音与语音之间存在相似性，通过一个音去发另一个音。组合法可以是元音与元音之间的组合，还可以是元音与辅音间的组合。通常元音与元音的组合利用的是舌位的高低、舌位的前后和唇形的圆展决定了元音的不同音质，形成了不同的元音；元音和辅音的组合主要是利用舌位情况来学习或纠正发音。

4. 示范法

示范法是指教师进行发音示范的方法，在教师进行发音示范时，学生应当认真听老师的发音，注意看老师的发音口型。教师还可以通过图示指出发音时舌头的位置，帮助留学生更加准确地掌握发音技巧。

在学习的过程中，应当遵循循序渐进的原则，先学习共性的辅音，再学习特殊的辅音，对有一定难度的辅音字母，先要求留学生掌握基本的发音要领，再慢慢纠正其发音细节。另外，借助音节来帮助留学生练习声母的发音，是当下对外汉语教学的一大途径。

5. 对比法

对比法是指不同语音之间的对比练习，通过对比掌握不同音节的发音特点，促进正确音节的发音。

对外汉语教学中对比法的运用表现在两个方面。

第一，不同语言之间的语音对比。对外汉语教师将教学的重点放在了汉语与留学生母语的语音之间的对比，如英语中的舌叶音与汉语中的舌面音的对比，英语中的浊塞音与汉语中的清塞音的对比。

第二，汉语语音系统的语音之间的对比。通过汉语语音系统声母与声母之间的对比，找出共性和个性特征，帮助留学生更快地掌握词语的发音。例如，声母 b、p 的对比，两者既有相同点，也有不同点。两者都是双唇音、清音、塞音，区别在于 b 是弱送气，而 p 是强送气。

（二）韵母

汉语的韵母可分为单韵母、复韵母、鼻韵母。单韵母是学习韵母的基础，对外汉语教师应当重视单韵母的发音练习，从单韵母入手，掌握留学生发音的基础。

韵母的发音练习及要领表现为以下几个方面，如表 3-1 所示。

表 3-1　韵母发音练习要领

分　类	组　成	教学方法
单韵母	一般元音：a、e、i、o、u	一般元音在学习时没有太大的困难。应当注意发“i”时舌面高度；发“e”时舌面后缩；发“u”时圆唇度
	特殊元音：-i[前]、-i[后]、er、ü	-i[前]、-i[后]发音采取整体认读的方法；er 的发音可以借助美式英语中的 -er、-or 发音来帮助留学生掌握；ü 注意其圆唇度
复韵母	长滑：ai、ia、ao、ua	对外汉语教师在示范发音时，需要慢一些，让留学生体会声音的滑动
	短滑：ei、ou、uo	
鼻韵母	前鼻韵尾 -n	舌尖前伸
	后鼻韵尾 -ng	舌根后缩

（三）声调

声调是对外汉语教学的重点与难点，有些留学生虽然有多年的汉语学习经历，却仍在声调上出现较大偏差，读错或者读不准声调。声调分为阴平、阳平、上声、去声四个声调，如表 3-2 所示。

表 3-2　声调

第一声	第二声	第三声	第四声
阴平	阳平	上声	去声
ˉ	ˊ	ˇ	ˋ

四个声调中留学生在上声出现的错误较多，其次是阴平，阳平、去声的错误较少。所以，在对外汉语教学时应着重强调上声和阳平两个声调。

在对外汉语教学过程中，可以采取以下方式来纠正留学生的声调偏差。

1. 标记法

一般对外汉语教材上的汉字标有拼音，初级阶段的留学生可以针对性地将上声、阳平的声调标记出来，避免读错。

2. 突出重点

初级阶段的留学生因为初次接触汉语，其声调偏差较多，对外汉语教师应当把握教学重点和难点问题，然后有计划、有步骤地开展声调偏差训练，帮助留学生树立学好汉语的信心。对外汉语教学纠正的重点通常为常用字、高频字，并及时纠正这些汉字的声调。

3. 手势教学法

最早使用手势教学法是在普通话的教学训练中，这种方法应用到对外汉语教学中，也取得了良好的教学效果。在教学过程中，可以和留学生一起比画出音节的声调，便于识记。

对于四个声调的训练，可以挑选一些同声的词组进行练习，以强化学习效果。

（四）语调

汉语的语调包括重音、停顿、句调三要素，不同阶段的留学生需要进行不同程度的语调练习，对于初级阶段的留学生的语调练习，需要掌握语调的一般规律，中级阶段的留学生需要掌握语调的特殊规律，高级阶段的留学生需要掌握以及熟练运用语调，如图 3-4 所示。

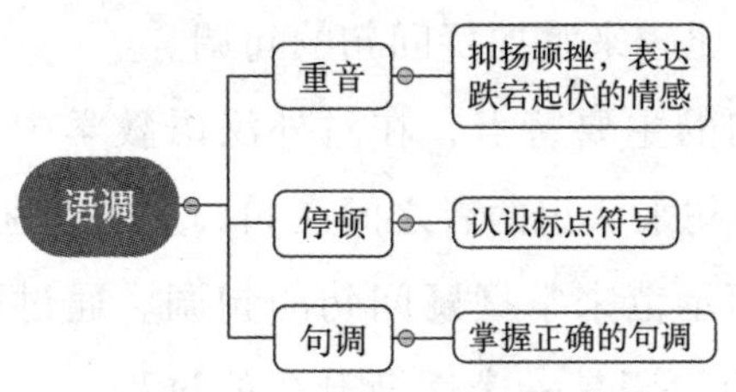

图 3-4　语调的三要素

1. 重音

汉语在朗读过程中需要抑扬顿挫，表达跌宕起伏的情感，因此，汉语也是音乐性的语言，此时重音就在阅读时被赋予了非凡的意义。对于初级阶段的留学生来说，不着重强调重音的作用，而是将重点放在词语的学习上。到了中级阶段，对外汉语教师就要注意纠正学生重音上的偏差，以使留学生掌握更加标准的汉语发音。

在教材的编排上，也应当编排一些重音方面的练习，增强留学生的语言，区分重音与非重音带来的语句上的差异。

2. 停顿

首先，对外汉语教师需要教会留学生认识标点符号，标点符号是划分句子停顿的基础，各标点之间的停顿时间不同，一般句末标点停顿的时间较少，其次是分号，再次是逗号，顿号停顿的时间最短，掌握了标点符号的意义，能很好地练习停顿。

其次，留学生需要掌握汉语的语法结构，把握句子间的停顿规律。比如，一个句子非常复杂，主谓之间可以停顿、动宾之间可以停顿、修饰语与中心语之间也可以停顿。

最后，引导留学生掌握语法与语义关系之间的停顿。

3. 句调

留学生在练习句调时，在陈述句、感叹句、祈使句方面的句调偏差较小，常见的问题主要集中在疑问句上，因此，在教学中应当加强疑问句的句调练习。

（1）通过句子比较来掌握疑问句的句调。

升调是疑问句的主要特点，在对外汉语教学中，教师可以通过对比疑问句与非疑问句来认识两者之间在句调上的差别。

（2）通过教师示范来掌握疑问句的句调。通过教师的示范引导学生感受到疑问句的句调是一个逐渐升高的过程，有效纠正了留学生只升高最后一个音节的错误发声。

（五）音节

音节教学强调双音节、多音节，有时会发生变化，从而造成偏差。究其原因可以概括为三点。

其一，汉语音节的声调在连续时会变成轻声，如“活着”“新的”，“着”和“的”作为单音节时有自己的声调，但成为词组时会变为轻声。

其二，留学生在学习过程中容易忽略汉语音节的连续性，对词与词之间的界限模糊。

其三，连续音节增加了语音的复杂化，因此对外汉语教师在开展教学时，要总结语音变化的规律，清楚地讲授给留学生。

针对音节的偏差，主要采取的教学对策有以下几种，如图 3–5 所示。

编写对外汉语教材时，应当在初级阶段留学生的汉语课本中的生词部分标注出词语的重音格式，以便师生的使用与学习

对外汉语教学过程中对外汉语教师要熟悉各词组的重音格式及发音特点

对外汉语教师要注意及时纠正留学生的音节偏差

图 3–5　音节偏差的教学对策

二、强化对外汉语的词汇教学

外国留学生学习词汇的目的不仅在于掌握更多的词语，还要掌握词语之间的关系。因此，词汇是一个有机的系统，单个的词语并不是孤立存在的，而是通过各种各样的关系联系在一起的。外国留学生在学习汉语时，应不断积累词语，了解词语之间的内在逻辑，促进汉语词汇的正确使用。

外国留学生在学习汉语的过程中，一般会经历三个阶段，如图 3–6 所示。

图 3–6　词语掌握的三个阶段

对外汉语教师需要理解词语掌握的三个阶段，全面把握留学生的

学习心理，利用有效的方法，提高留学生的学习效率。在第一阶段，所学的词语不宜过多，以免留学生的自信心受挫，对词汇学习产生畏惧和排斥心理；在第二阶段，对外汉语教师应当加强词汇讲解，尽量深入浅出，激发留学生学习汉语词汇的兴趣。尤其讲解多义词时，应当遵循循序渐进的原则，一次只掌握一个单词的意思，让留学生随着汉语学习的深入，掌握更多的意义；在第三阶段，教师可以通过语言教学，强化词语出现的概率，加深留学生的印象。

词汇教学可以从扩展词语以及纠正词语偏误两种途径切入。

（一）扩展词语

常见的词语扩展方式有同义扩展、反义扩展、类义拓展、同音扩展、义项扩展、联想扩展等，其具体方法如下，如表 3-3 所示。

表 3-3　汉语词语扩展方式

扩展方式	分　类	举　例
同义扩展	实词辨析（名词、动词、形容词、代词、数量词、副词）	实词辨析注重辨析语义、用法、色彩等，如盼望——渴望
同义扩展	虚词辨析（介词、连词、主次、语气词）	虚词辨析侧重用法上的解析，如和——或
反义扩展	——	反义扩展可以和同义扩展相结合。一个词可以有两个或几个不同的反义词，这些反义词又构成了一组同义词
类义拓展	表示人或事物的名词	火车、卡车、笔、墨、纸、砚
	表示动作行为的动词	表示看的动作，如看、观、察、瞪、瞄、注视、凝视等
	表示性质状态的形容词	颜色类的词语，如赤、橙、黄、绿、青、蓝、紫等

续　表

<table>
<tr><th>扩展方式</th><th>分　类</th><th>举　例</th></tr>
<tr><td rowspan="2">同音扩展</td><td>同形同音词</td><td>“开花”的“花”与“花钱”的“花”</td></tr>
<tr><td>异形同音词</td><td>“其中”与“期中”；“轻生”和“轻声”</td></tr>
<tr><td rowspan="3">义项扩展</td><td>扩展词语数量</td><td rowspan="3">了解基本义到转义的发展脉络：
（1）时间、空间转换，如起来的基本义是“向上”，属于空间范畴，引申为“动作或情况开始并且继续”，属于时间范畴。
（2）扩大或缩小范围，如“花”的基本义是种子植物的有性繁殖器官，转义为可供观赏的植物，使得范围扩大。
（3）相互转换，如“口舌”，一个义项是“言语引起的误会或纠纷”；另一个义项是“劝说、争辩、交涉时的言辞、言语”。
（4）相似转换，如“冲淡”，其基本义是稀释的意思，进一步转义可以延伸为“使某种气氛、效果、感情等减弱”</td></tr>
<tr><td>词语之间的意义关系</td></tr>
<tr><td>扩展多义词的义项数量</td></tr>
<tr><td rowspan="2">联想扩展</td><td>词语搭配联想</td><td>分为语音制约、语法制约、语义制约、语境制约
（1）语音制约，如为了避免语音重合，一般说黄河与长江，不说黄河和长江，避免两个“he”音出现
（2）语法制约，如固定搭配、主谓结构，当名词做主语时，谓语一般由动词或形容词充当
（3）语义制约，如动词“吃”之后的对象一般都是固体的，如面包、苹果等；动词“喝”之后的对象一般都是液体的，如水、酸奶、汤等
（4）语境制约，要求词语的色彩需要保持一致</td></tr>
<tr><td>同素词语联想</td><td>（1）AB、AC、AD 式，如学习、学问、学科
（2）AB、CB、DB 式，如学习、温习、复习</td></tr>
</table>

（二）纠正词语偏误

词语偏误包括词音偏误、词义偏误、词形偏误、使用偏误等，在对外汉语教学中应当帮助留学生避免词语偏误，如图 3-7 所示。

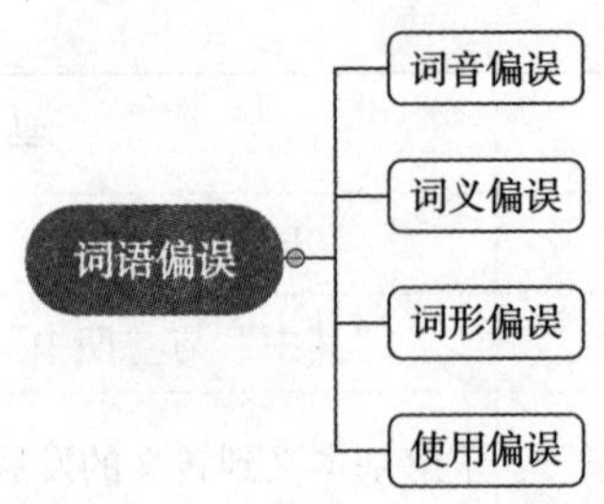

图 3-7　词语偏误的表现

1. 词音偏误

外国留学生在学习汉语的过程中常会遇到语流音变方面的偏误，一方面，对外汉语教师需要引导留学生注意多音节词语中的调值变化，通过示范阅读，引导留学生体会其中的语流音变；另一方面，对外汉语教师可以引导留学生在教材中适当标注轻重音，加以区分。

2. 词义偏误

一般词义分为词汇意义和语法意义，词汇意义又可分为理性意义和色彩意义，色彩意义进一步细分，分为感情色彩、语体色彩、形象色彩。根据以上分类可以看出，词义是一个复杂的概念，由词义产生的偏误也比较常见。

在教学过程中，对外汉语教师需要根据留学生对汉语的理解程度来灵活调整教学方法，其对汉语的解释应与留学生的汉语理解能力相一致。这直接决定了对外汉语教师对词语解释多少，解释到什么程度。

解释词义的方法主要有以下几种，如表 3-4 所示。

表 3-4　解释词义的方法

方　法	内　容
概念法	解释词语表示的概念意义，解释的话语要尽可能通俗易懂
演示法	教师通过演示解释词义，如一些表示动作行为的词语可以通过这种方法解释

续　表

方　法	内　容
实物法	用实物进行说明，一般用于名词的解释
图示法	通过图片展示解释词义，如一些不便在课堂进行展示的实物可以用这种方法解释
对比法	对比法有多种方式，如汉语词语与汉语学习者母语类似词语的对比，新学词语与已学词语的对比，同义对比、反义对比等
比喻法	用打比方的方法来解释词义，用这种方法可以解释一些词语的比喻义
列举法	用举例的方法解释词语

3. 词形偏误

不同国家的留学生对词形偏误的表现不同，欧美留学生多表现为同音偏误，在汉语使用过程中用的词是同音的字；日本留学生多表现为用日语的汉字代替汉语的汉字。日语中有的部首或字源于汉字，但这些汉字已经与当下使用的汉字不同，因此容易出现字形上的偏差。

为了避免词形偏误，对外汉语教学中可以采取以下方式。

（1）加强汉字的字义教学。字义与词义有着紧密的联系，加强字义的理解，有助于汉语词义的理解。例如，留学生常常将“休”“体”混淆，通过字义就能很好地分清这两个字。“休”属于会意字，由“人”“木”组成，是人靠在木上的意思，通过鲜明的形象理解字义；而“体”由“人”和“本”组成，本是“根本”的意思，“体”是“人之根本”的意思。通过分析字义，就能掌握两者的区别，留学生在学习汉语时，就不会将“休息”写成“体息”，“体育”写成“休育”了。

（2）加强汉字的部首教学。形声字在汉字中占了较大的比例，形旁一般是部首，掌握了部首，就可以掌握词义，有效纠正词形的偏差，因此对于留学生来说非常重要。

（3）加强汉字的书写教学。外国留学生在学习汉语之前书写的多为拼音，汉字的横、竖、撇、点、折对他们来说书写起来较为困难，因此，大多数的留学生不愿意书写汉字。对外汉语教师针对这一现状，应当采取多样化的教学方式，激发留学生书写的兴趣，常用的课堂教学方法有猜词、比较、填空等，还可以介绍中国书法，从书法角度提高留学生的汉字审美能力，让留学生也能拿起毛笔书写汉字，提高书写水平。

4. 使用偏误

词语的使用偏误，包括语音、语义、词形、语法等方面的偏误，对于留学生来说，汉语使用偏误主要表现为文化冲突所引起的词语偏误。外国留学生学习汉语的过程中，必然面临着两种文化的冲突，留学生的母语习惯稍微作用于汉语，就会产生使用上的偏误。

为了有效避免词语使用上的偏误，可以采取以下措施。

首先，文化教学贯穿于对外汉语语言教学中。语言是最能体现文化元素的重要载体。在对外汉语教学中，教师可以介绍语言涉及的相关文化，突显文化特征，留学生可以透过文化现象，了解汉语的深层含义。

其次，积极创设使用汉语的交际情景，促使留学生将学到的知识运用到实际的人际交往中。在训练时，对外汉语教师应当鼓励留学生，及时表扬，引导留学生大胆表达，增强连续性交际的能力，对于训练时的词语偏误，可以在交际训练后的讲评中提出，帮助学生改正错误，树立信心。

最后，积极训练词语搭配能力，培养汉语语感。在对外汉语教学中，对外汉语教师引导学生进行词语的搭配训练，帮助学生掌握词语的色彩、范围、轻重、适用对象等。

三、强化对外汉语的语法教学

（一）对外汉语语法教学要求

对外汉语语法教学有其自身的特点，其语法应当与留学生的母语语法联系在一起，促进两者共性及个性的区分，这样有助于汉语语法的学习。对外汉语语法教学的要求主要有以下几个方面。

1. 语法教学是对外汉语教学的重要组成部分

学习语法的目的是更好地掌握汉语学习，语法教学是为留学生学习和掌握汉语言服务的，学习语法不是留学生学习语言的最终目的，语法教学是整个对外汉语教学的重要组成部分。

2. 遵循循序渐进的原则，语法教学与留学生的水平一致

语法教学按照由简单到复杂，由基础到拓展的模式发展，这样的原则符合语法教学。语法教学的内容包括词类、句子成分、句型、特殊句式的顺序。另外，语法教学的难度应适中，充分考虑留学生的接受能力。

3. 讲究语法教学技巧

语法相对于语义、语音来说比较抽象，学习起来枯燥乏味，想要激发留学生的学习兴趣，对外汉语教师就要采取一定的教学技巧，提高留学生的学习兴趣。常用的教学技巧如下。

（1）简明扼要。语法对于本国的学生来说尚有一定的难度，而对于没有接触过汉语的留学生，其难度可想而知。为了帮助留学生获得学习的成就感，就需要简化语法的教学内容，避免繁冗的内容，做到简明扼要，抓住要点。另外，对外汉语教师需要全面了解留学生对语法的掌握程度，了解他们的语法偏误情况，这样才能有针对性地解决一些语法问题。

（2）浅显易懂。对外汉语教师在教授语法时其教学应当坚持浅显易懂的原则，其中最重要的是避免使用专业术语，留学生对汉语的学

习能力有限，如果出现过多的专业术语，可能会打击留学生的自信心，给留学生造成学习和记忆上的负担，这样不利于教学的开展。当然，如果对外汉语教师能跳出术语的藩篱，则需要更高的对外汉语教学水平，将其换成恰当的、通俗的语言，帮助留学生理解，这对对外汉语教师提出了全新的挑战。

（3）善于举例。通过举例，将留学生拉入现实生活中，有效避免了内容的枯燥。对外汉语教师的举例需要生动活泼，能成功吸引留学生的注意力，进而激发他们的学习兴趣。

（4）“对症下药”。所谓“对症下药”，是指对外汉语教师针对留学生在汉语语法上的偏误进行针对性纠正的做法。对外汉语教师在教学中应当注意汉语学习者的语法偏误，对这些错误进行归类，在教学中有意识地纠正留学生的语法偏误，从而提高留学生运用汉语的能力。

4. 结合汉语语法特点进行教学

汉语语法特点从宏观上可以归纳为以下几个方面。

（1）汉语主要的语法手段是语序及虚词。

（2）汉语的量词众多。一个量词与某一名词搭配，表现出复杂的交叉关系，且不同的量词与同一名词搭配形成不同的语义特色。

（3）汉语的单句句型较为复杂。汉语中主谓句可以分为动词性主谓句、形容词性主谓句、名词性主谓句。除了主谓句之外，还有非主谓句，非主谓句又分为不同的句型，如动词性非主谓句、形容词性非主谓句、名词性非主谓句。

（4）汉语包含联合、动宾、中补、偏正、主谓五种基本的语法结构。以上语法结构需要贯穿于整个对外汉语教学过程中，帮助教师突出重点和难点，实现语法内容有针对性地讲给留学生。

（二）纠正语法偏误

语法偏误对留学生学习汉语造成了困惑，对外汉语教师有责任及时纠正留学生的语法偏误，在教学中可采取以下教学方法。

1. 预测留学生可能产生的语法偏误

对外汉语教师不仅精通汉语，还了解留学生的母语，对外汉语教师可以根据中介语理论，预测留学生在学习汉语中容易出现的语法偏误，在教学时着重强调语法问题，采用对比的方式，降低语法偏误产生的概率。

2. 总结留学生学习过程中的语法偏误

针对留学生在学习时产生的语法偏误，教师应归纳留学生常出现的问题，将其分门别类，实现条理化与系统化，以纠正留学生的语法偏误。

3. 采用语法教学的常用教学方法

（1）归纳法。所谓归纳法，是指通过归纳语法来进行语法的学习。

（2）解析法。解析法是指分析汉语语法现象的构成以及语法特点的教学方式。教师通过解析语法现象来教授语法知识。例如，解析结果补语，结果补语是动作发生后的变化结果。那么，结果补语之前的中心语一般使用动词，结果补语一般由动词或者形容词充当。例如：

形容词：吃饱了、睡好了、喝足了、玩够了。

动词：学会了、打碎了、记住了。

（3）公式法。为了对外汉语教学的顺利开展，可以在对外汉语教学中加入国际通用符号的语法知识学习，常见的语法教学符号如下。

表现词性：N、V、A——名词、动词、形容词。

表现句子成分：S、O、P——主语、宾语、谓语。

表现句式：S-V-O——主语、动词、宾语。

对外汉语教学中的公式法主要用于辨析句型及句式，常见的句型与句式分为三类。

其一，用公式法表达句型或者句式，如表 3-5 所示。

表 3-5　双宾句、连谓句结构

句　式	结　构
双宾句	$S+V+O_{1+}O_2$
连谓句	$S+V_1+O_1+V_2+O_2$

其二，用公式法表达疑问句或者否定句式，如表 3-6 所示。

表 3-6　疑问句、否定句结构

句　式	结　构
疑问句式	S+V+ 过 +O+ 没有？
	$S+V_1+O_1+V_2+O_2$
否定句式	S+ 没有 +V+O

其三，用公式法将主谓句转换为“把”字句。

例如，S+V+O → S+ 把 +O+V。

公式法的意义在于能将汉语句型结构进一步概括与总结，使句式简单明了。

（4）比较法。其是通过比较类似的语法现象来学习语法内容的方法。开展比较法的前提是语法现象间相类似，两者之间存在一定的联系。例如，动态助词——着、了、过之间的比较，副词——刚、才的比较等。

在对外汉语教学中，比较法应用于新学的语法与之前学过的比较类似的语法中，这样不仅巩固了之前学到的知识，还能不断掌握新知识。另外，比较法不仅运用于之前的汉语语法的学习，还经常通过汉语语法与留学生母语语法之间的比较，帮助留学生了解汉语语法知识。

（三）注重汉语特殊句型的教学

汉语中的特殊句型是指具有一定特点的，有着明显特征的句型。常见的有以下几种。

1. 主谓谓语句的教学

所谓主谓谓语句是指句子的结构是主谓结构，句子中有两个主语，即大主语和小主语。句子公式为 S_1（大主语）+S_2（小主语）+P。

留学生在学习主谓谓语句时，能较快地理解相关的内容，但语用方面存在着较大的问题，为此，对外汉语教师应当强化留学生在运用方面的技能。教师可以在其特点及用途上加以强调，帮助留学生掌握主谓谓语句。

特点方面的教学可以从主谓谓语句的语法结构、语义方面切入。例如，从语法结构上解析句子形式："那件衣服确实价位太高了。"这句话的大主语是"那件衣服"，"确实价位太高了"这句话充当着句子的谓语，而谓语中价位又是小主语，大主语与小主语连接的词语是"确实"，由此可见，大主语与小主语之间可以用状语修饰。

用途方面的教学主要从表述功能以及语法功能切入。例如，表述功能分析，主谓谓语句的功能是用来陈述与描写的。

2. 连谓句的教学

连谓句是指汉语中连谓短语充当谓语的句子，其句型为 S+V_1+（O_1）+V_2+（O_2）。连谓句并非汉语的专属，在其他语言中也能找到类似的句式，知识在语法表达上存在差异，因此在讲述连谓句时，对外汉语教师可以结合汉语连谓句与外语相似句型进行比较，找出差异，从而掌握连谓句的相关知识。

除了比较法之外，教师还可以引导留学生将已经学过的汉语单词进行组合，组成连谓句，这样可以增强留学生的词语运用能力，同时能理解连谓句的句子结构。

3.“把”字句教学

“把”字句在对外汉语教学中占有重要的地位，在汉语教材中介绍得较多。“把”字句强调受事成分，如除了受事成分的处置，将受事作为焦点来强调。

在对外汉语教学过程中，“把”字句应当注意动词的动作性。

4.兼语句教学

兼语句指兼语充当独立成分或者谓语的句子，其公式表示为 $S+V_1+N+V_2+$（O），其中 N 表示兼词。

汉语兼语句的特点表现在三个方面。首先，兼语句中第一个动词常是使令动词（使、叫、让、请）。其次，第一个动词与第二个动词分别属于不同的动作主体，其中第一个动词的行为主体是主语，第二个动词的行为主体是兼语。最后，语义方面第二个动作行为是在第一个动作行为基础上发生的动作。

在对外汉语教学中，兼语句的教学应当注意以下几方面的内容。

其一，通过不同语言之间的对比强化兼语句学习。英语中的“make”“have”“let”“want”等，对外汉语教师可以将汉语与英语的相关句型进行对比，以此来明确汉语兼语句的结构。

其二，掌握使令动词构成的句型的特点。使令动词中的“请”可以单独使用，如“请你”“请客”等，但“使”“叫”“让”一般不单独使用，如“这件事使我明白了一个道理”，其中“使我”不能独立存在，在教学中应当掌握兼语句的句型特点。

其三，掌握“把”字句的句型转换。“把”字句的句型转换中“把”字句和一般的带宾语的主谓句存在句型转换关系，例如：

他准备好了明天出游的东西。→他把明天出游的东西准备好了。

通过以上类型句子的联系，对外汉语教师在教学中应加强对“把”

字句的运用。另外，也要注意，汉语中很少出现主语、动词、宾语、介词短语的句式，一般需要运用“把”字句。

5.“被”字句教学

被字句是指用“被”来表示被动意义的句子。被动句式一般有三种形式，如表3-7所示。

表3-7　“被字句”句式

句　式	举　例
S+被+N+V类型	我被他算计了
S+被+V	包裹被拿走了
S+被+N+所+V	人们被他的事迹所感动

在“被”字句的教学中，教师应当引导留学生认识“被”字句与被动句的关系，一般来说，“被”字句是被动句的一种，其鲜明的特点是句子中出现了“被”字。被动句的范围比“被”字句的范围大，除了出现“被”字之外，还可以出现“叫”“让”等字表达被动，有的没有被动标志词依然表达被动之义，如“碗筷刷过了”（碗筷被刷过了）。留学生应先掌握好“被”字句的用法，以便留学生在日常生活中运用。

“被”字句的使用条件包括语用和语法两部分。在语用上，“被”字句的用途广泛，一般的句式都可以使用；在语法上，句子中如果需要引出施事时，会使用“被”字句。另外，主语与动词之间如果存在两向性，即主语可以是动词的施事，也可以是动词的受事时，如果表示被动，则需要使用“被”字句。例如，“他被打了”。

除了以上内容外，汉语的特殊句式教学还包括“连”字句教学、“是”字句教学等，限于篇幅这里不再叙述。

第三节　对外汉语教学的文化内容创新

对外汉语教学的内容选择是教学目的的体现，同时也是教学实施和教学评价的依据。因此，教学内容创新对整个对外汉语教学活动有着重要的作用。有的学者将全部教学问题看作是教学内容的问题，在谈及教学目的、教育设计、教学实施、教学评价时，都围绕着教学内容做文章，因此，教学内容的创新可以促进对外汉语教学活动的开展。

专题教学对于高级阶段的留学生来说有着积极的作用，通过知识+实践的方法，实现了对专题文化的全面了解。以下通过礼仪文化、地域文化、“非遗文化”来探索对外汉语教学文化内容的创新。

一、重视礼仪文化教学

（一）礼仪文化

中国文化的核心是“礼”，中国素有“礼仪之邦”之称。礼仪是一门社交艺术，是人与人之间交往与沟通的桥梁。对于外国留学生来说，要学好中国文化，需要先熟悉中国的礼仪文化，所谓“入乡随俗”，就是要融入当地的民风民俗，留学生要融入中国语言环境中，接收中国礼仪文化，以便更好地开展跨文化交际。

礼仪文化的特性表现在两个方面。

其一，礼仪文化的民族性。中国的礼仪文化是中华民族在长期的发展中形成的，并在发展的过程中与其他文化融为一体，共同构成了中华民族的文化特性。礼仪文化虽然不断与其他文化相融合，但其基本的文化价值观念会一直流传下去。中华民族的传统文化已经延续了三千多年，许多礼仪文化不仅是民间的一种习俗，已经发展成为人们日常生活中的重要组成部分，习俗具有顽强的生命力，会潜意识地影响人们的生活方式与思维习惯。

礼仪文化对于中华民族来说至关重要，儒家的代表人物孔子主张“尚礼崇礼”，提出了“不学礼，无以立”，通过学习礼仪来约束自我行为，逐渐培养文化修养与道德修养。

其二，礼仪文化的必要性。礼仪是人类社会约定俗成的行为规范，中国的礼仪文化就是中华民族这一社会群体的行为规范，如果不了解中国的礼仪文化，势必会影响跨文化交际的效果。

（二）对外汉语礼仪文化教学

对外汉语礼仪文化教学的内容大致分为两个方面，即知识性的文化学习以及交际性的文化渗透。这里需要明确的是对外汉语礼仪文化教学的目的是帮助外国留学生了解必要的中国礼仪，帮助留学生进行跨文化交际。因此，对外汉语礼仪文化教学的内容应当注重文化的可交际性。

1. 礼仪文化语言方面的教学创新

（1）相关词汇的文化附加义。词汇的文化附加义是指指代事物的同时，蕴含着特定的民族文化内容，也就是说，一个词不仅包含所指，在所指的基础上还包含着一定的文化信息。例如，“梅花”的所指为梅树的花，花瓣为五片，有粉红、白、红等颜色，气味清香，梅花一般寒冷时节开放，人们赋予了梅花高洁傲岸的品质，有成语“雪胎梅骨”的说法。对外汉语教学过程中很有必要探索文化附加义，在讲述礼仪文化中，穿插着文化附加义的讲解。

（2）注重中国文化精髓。礼仪文化对汉语语言的学习有积极的作用，对外汉语教学中教师应当有意识地传播中国文化的精髓，一方面可以提升中国文化的影响力；另一方面也能提高留学生的汉语水平。

随着世界各国的交流日益频繁，语言的交流也日益密切，汉语的使用也在随着时代的变化而变化，因此，在对外汉语教学过程中，需要与时俱进，以更好地开展跨文化交际。中国传统文化中提倡谦虚，也指出了古代读书人人格理想是“谦谦君子”，中国人在面对别人的赞赏时，会回答“哪里”“过奖”等。随着中国文化与世界文化的相互碰撞与交流，中国青年一代在面对赞扬时，也能从容回答“谢谢”。文化观念虽然发生了一定的变化，但这种文化观念，需要给留学生普及，因为这是中国人骨子里留下的，在未来也会作为一个优秀的传统继续发扬下去。

教师需要在变化中寻求不变的文化精髓，将这些内容讲给留学生听。通过讲文化的现状，这样力图给留学生呈现出完整的文化发展脉络，同时给予留学生自由选择的机会。

（3）遵循教学适度性原则。适度性原则是指对外汉语文化教学的内容及方法，需要根据教学目标以及留学生的背景考虑，讲究适度性原则，过浅或者过深将不利于对外汉语教学的开展。

根据留学生汉语水平的高低，可以在礼仪文化教学中采取如下办法，如图 3-8 所示。

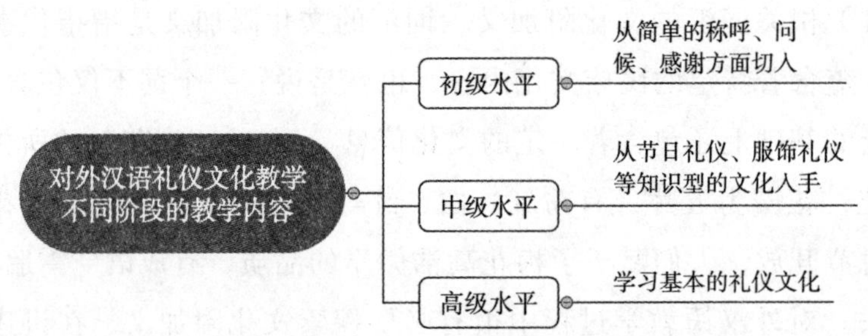

图 3-8　对外汉语礼仪文化教学不同阶段的教学内容

首先，初级阶段的留学生从简单的称呼、问候、感谢方面切入。这一阶段的留学生刚接触汉语，对汉语完全陌生，需要进行汉语语音、词汇、语法方面的学习，主要从日常生活中的礼仪内容切入。

其次，中级阶段的留学生从节日礼仪、服饰礼仪等知识型的文化入手。中级阶段的教学目标重在调动留学生学习汉语的积极性，帮助留学生融入汉语交际环境中。

最后，高级阶段的留学生需要从社交礼仪中学习基本的礼仪文化。这一阶段的留学生已经掌握了汉语的相关知识与技能，因此在这一阶段可以给留学生讲授中国商务礼仪、饭桌礼仪等，从这些特定礼仪入手，培养留学生的跨文化交际意识，促进其跨文化交际能力的提高。

2. 礼仪文化非语言方面的教学创新

非语言方面的礼仪文化属于“未露出冰山”的部分，这一部分虽然不容易察觉，但占有相当大的部分，因此需要重视起来，一般来说礼仪文化非语言方面教学包括三个方面。

（1）实用性倾向。大多数留学生学习汉语的目的是用汉语进行沟通，进一步开展跨文化交际，因此，对外汉语教学中应当注重语言的实用性，即教给留学生一些能在日常生活中使用的汉语，方便他们进行交流。礼仪文化体现在人们的日常交流中，透过一言一行来展现，可以说礼仪文化渗透在极小的细节上，越是人们不易察觉的，越是礼仪文化所在的地方。教授礼仪文化，应当从留学生的日常生活方面切入，从衣、食、住、行方面入手，这样可以突显礼仪文化特色。

需要注意的是，有些存在于古代的礼仪文化随着时代的发展而不再出现在人们的日常生活中，如“作揖”，这是汉族民间传统礼节，古人“拱手为礼”，双方见面时双手抱掌前推，身体向前倾，互相问候。到了现代，人们改成了握手礼。“作揖”的传统文化，可以当作一种文化知识传授给留学生，使其进一步了解中国的礼乐文化。

（2）满足学生的个性化追求。个性化满足包括两个方面的内容。

第一，根据不同留学生的学习动机选择不同的礼仪文化内容。对外汉语教师可以根据不同留学生学习汉语的目的，进行不同的礼仪文化的教学，因材施教，激发留学生内在动因，从而更好地学习汉语。

针对将汉语作为兴趣的留学生，可以在教学中为他们展示中国传统的礼仪文化，注重文化根源上的引导。

针对将汉语作为交际工具的留学生，可以重点介绍基本的社交礼仪文化，另外，还要多注意汉语口语的表达，熟悉汉语交际的各种技巧，得体地使用汉语进行交际。

针对将汉语作为短期商务目的的留学生，可以针对性地选择一些商务礼仪进行学习，为以后在商务场合交流打下坚实的基础。

第二，根据不同水平的留学生把控礼仪文化内容。按照由浅入深的顺序，不断引导留学生学习礼仪文化，从基本的问候语开始，逐步延伸到不同场合的词语使用规则及不同场合下的行为举止规范，再到了解中国礼仪文化的根源以及相关的社交习俗，留学生在这一过程中由浅入深了解中国礼仪文化，更快地融入汉语言文化环境，有利于汉语的学习。

（三）对外汉语礼仪文化教学的重要意义

吕叔湘在《语言作为一种社会现象——陈原〈语言与社会生活〉读后感》一文中说道："打开任何一本讲语言的书来看，都只看见'工具'，'人们'没有了。语音啊，语法啊，词汇啊，条分缕析，讲得挺多，可都是讲的是这种工具的部件和结构，没有讲人们怎么使唤这种工具。"

这里提到了人们使用语言的重要性，人们要学会使用语言、运用语言的技能，特别是对于外国留学生来说，学习汉语的目的在于进一步掌握汉语，会说汉语，还要了解汉语使用的相关语境（其中蕴含的文化底蕴），从而更好地开展跨文化交际。

礼仪文化渗透于日常交际、工作以及教学中，这些文化比较零散，只有通过不断积累，才能获得提升。例如，在日常交际中，师生之间的交往中，学生应当尊敬老师。有的留学生看到自己的老师之后，会向老师打招呼："嗨，吃了吗？"这种打招呼方式虽然没问题，但语气中缺乏尊敬，显得随意，这样的打招呼形式更适用于同学、朋友之间。出现这样的现象并不是因为这位同学的态度，而是留学生并不理解中国人“尊师重道”的观念，如果深入了解这一观念之后，就不会出现以上的打招呼方式。

二、强化地域文化教学

一方水土滋养一方文化，不同的地理位置、历史文化、气候条件下，都会产生与其他地域不同的风貌，体现在文化上就形成了独特的地域文化。地域文化是指“一个特定区域范围内产生的能够代表当地独有的文化特色，它体现在方言、饮食、名胜风光、婚丧礼俗等各个方面”[①]。在对外汉语教学过程中开展地域文化教学，可以引导留学生了解中国各地区、各民族的基本风貌，增进对汉文化的了解。

（一）对外汉语教学地域文化教学的意义

对外汉语教学本质上是跨文化教学，地域文化有着生动的文化特征，也具有研究的价值，在对外汉语教学中融入地域文化教学意义重大。

1. 增强留学生学习汉语的趣味性

对外汉语教学的过程是不断加强语言学习，加深文化认同的过程，日常的对外汉语教学以规范的汉语普通话、主流的中国文化为主，逐渐引导留学生树立适合中国交际习惯的交际理念，学习相关的交际方式，帮助留学生融入日常的汉语交际及日常生活中。除了中国主流文化外，对外汉语教师还可以在课下安排一些实践性的文化活动，为留学生创造具体的交际语境，地域文化活动无疑是首选。一些少数民族聚集的地方表现出鲜明的民族特色，一方面，这些地方保留了较多的传统文化元素；另一方面，这些地方的民风、民俗等都成为吸引留

① 葛剑雄．中国的地域文化[J]．贵州文史丛刊，2012（2）：7-11．

学生的元素。通过这些实践性活动，帮助外国留学生更好地理解中国文化。

2. 进一步充实对外汉语文化教学的内容

从语言习得的途径看，自然环境是获取文化知识的最佳途径，所获取的文化知识也是最实用和最有效的。在对外汉语课堂上，留学生也接触类似京剧、川剧等地域文化，但这些地域文化缺乏灵动性，留学生很难在课堂上产生共鸣。将鲜活的地域文化注入对外汉语课堂上，可以有效提高留学生的关注度，激发留学生的好奇心。留学生通过课上对地域文化的了解，加上课下对地域景观的了解，很容易产生共情。

对于外国留学生来说，其处在多元文化相互交融与相互碰撞之中。由于留学生来自不同国家和地区，他们的母语也不相同，留学生将这些文化带入中国，呈现出文化发展多样化的局面。课下留学生又将中国地域文化及传统文化带给世界，促进文化的良性互动。可以说，地域文化为文化交流提供了一个互动的平台，风俗文化、景观文化、饮食文化等都可以给留学生带来不一样的体验，使留学生更全面立体地感受中国的文化。

（二）对外汉语教学地域文化教学的方式

对外汉语教学过程中，可以通过以下两种方式来渗透地域文化。

1. 词汇中的地域文化教学

地域文化与大众文化最本质的区别在于地域文化具有鲜明的地域色彩，其他文化没有或者不具代表性，方言是地域文化中的代表，被学者认为是研究地域文化的“活化石”，透过方言可以了解中国文化的内在，一般来说，区域文化在方言中的体现表现在五个方面，如表 3-8 所示。

表 3-8　地域文化在方言中的体现

表　现	说　明	举　例
历史映射	经过历史变迁，语言也会发生变化，对外汉语教师可以在教学中选择一些历史映射方面的词汇，引导留学生加深对词语的印象	“儿子娃娃”（表现对男子的称赞）； “眼睛小”（表达吝啬）； “格瓦斯”（指用面包渣酿制的啤酒）
物产与饮食	由于地域不同，造成区域的物产、饮食风俗上的差异	“捞鱼摸虾”（指游手好闲、混吃混喝的人）； “虎头鲨”（说话做事刻板，不知变通）； “小鲫鱼壳子”（十多岁调皮捣蛋的孩子）
避讳	避讳是中国社会特有的文化现象，处于不同的历史时期以及不同的地域，其习俗、风貌存在差异，为了避免某些忌讳的话语形成的特色方言	“难活”（生病）； “看大夫”（看病）； “人没了”（去世）
文化心理	一些词语表现的是特定区域的人们对美好生活的向往，表现出人们的文化心理	山西省的一些地方，在结婚时新娘来到婆家之后亲朋好友要向新娘子身上撒五彩纸以及盐，五彩纸象征着美好的生活，盐与“缘”是谐音，希望新娘与婆家缘分延续，幸福度过一生
地理状况	特定的地理位置形成的不同的地形，也体现在方言中	处在大山深处的区域，因为山沟众多，因此取名常以沟为名，如“碾子沟”“甘沟”“东沟”

2. 文化教学中的地域文化教学

通过地域文化开展对外汉语教学时，应选择影响留学生日常沟通效果的地域文化知识进行教学；应符合留学生的学习要求，激发留学生的学习兴趣。

对外汉语教学中通过开展以下地域文化项目来引导留学生加强汉语的学习，如表 3-9 所示。

表 3-9　对外汉语教学中开展的地域文化项目

表　现	说　明	举　例
气候状况	由于特殊的地理位置、地形条件、气候条件形成的特殊的地域文化	北方人清洗身体称为“洗澡”，南方人称为“冲凉” “回南天”（冷暖气流碰撞下产生的特殊天气现象） “梅雨”（每年 6、7 月份都会出现持续天阴有雨的气候现象）
旅游名胜	每个地区都有自己的名胜古迹、名人故居、历史遗址等	泰山、苏堤、鲁迅故居等
饮食文化	从空间划分，中国形成了八大菜系以及东辣、西酸、南甜、北咸的饮食布局，各个地域又有代表的饮食文化	广东地区：早茶文化 山西地区：醋文化 重庆地区：火锅文化
精神文化	不同的文化背景下造就了不同的精神文明，呈现出独特的文化色彩及文化意蕴	如庙会、泼水节、火把节、祭祀大典等
服饰文化	56 个民族有着多种多样的服饰形态，服装的款式、花纹、材质等都不一样，有着明显的地域特色	满族——旗袍 赫哲族——鱼皮衣
建筑文化	由于地域以及南北方的地形、地貌、气候等不同，形成了独具特色的建筑风格	满族——万字炕 傣族——吊脚楼
地方戏曲	地方戏曲是根据当地的民风民俗形成的表演艺术，是当地民情最生动的表现形式	山西——晋剧 浙江——粤剧 山西——秦腔 安徽——黄梅戏 河南——豫剧

在对外汉语教学中，可以对初级、中级的留学生开展地域文化教学，通过图片、视频的形式加以展示，刺激留学生的感官，初步形成

地域文化印象。例如，聊城大学国际教育交流学院开展“健康美食汇”春季美食课堂活动，组织学生体验中国饮食文化，了解饮食搭配，保持身体健康。春季美食课堂第一课是学做素面。老师和同学们一起准备食材、配料；老师做示范，边制作边讲解。同学们动手体验，在欢声笑语中手法越来越熟练。来自博兹瓦纳的玫瑰同学还为大家制作了美食课程小视频，她说：“这样的活动让我对中国文化更加感兴趣，我把视频发给了我的家人，让他们了解我在这里的学习和生活。以后，我还可以给他们做很多的中国美食。”美食课堂是聊城大学国际教育交流学院建设的生活文化体验平台，通过定期组织国际学生学习制作中国特色美食，在实践中体验文化，健康生活。

学院还组织了剪纸艺术文化课堂，为帮助学生体验中国文化，学院在 2022 年 4 月以“指尖上的春光”为主题，邀请山东省非物质文化遗产聊城剪纸艺术项目代表性传承人梁颖老师和同学们相约“云课堂”交流剪纸文化，描绘校园春光。梁老师为同学们介绍了中国剪纸的历史、剪纸的创作、剪纸的传承发展，并从剪纸的基本技法讲起，以校园春光为主题，教授学生折纸、起稿、剪刻、揭离、粘贴……在老师的细心指导下，同学们完成了各自的作品，并把美丽校园的春光和家人朋友在线上分享。国际学生“感知中国”课程基于学生文化体验设计，引导学生从学画一张脸谱、剪一纸窗花到编一副中国结，从实践中体验感知中国文化，受到了同学们的欢迎。

三、加强“非遗”文化教学

（一）对外汉语教学中融入“非遗”文化的必要性及意义

改革开放以来，跨文化交流的进程不断深化。中国的“非遗”文化受到了前所未有的重视，“非遗”文化需要大力推广与传播，因此，在对外汉语教学中加入“非遗”文化内容十分必要。

1. 对外汉语教学开展“非遗”文化的必要性

（1）“非遗”文化传播的需要。“非遗”文化是中华民族发展过程中积累的人类物质文化与非物质文化。“非遗”文化发展到今天，需要年轻一代的推动，对外汉语就是其中的一个途径。在对外汉语教学中渗透“非遗”文化，能激发留学生学习汉语的兴趣，同时留学生了解了“非遗”文化知识，扩大了“非遗”文化的影响范围，留学生回到自己的国家后，也成为一个潜在的中国“非遗”文化传播者，影响更多的外国友人。因此，在对外汉语教学中开展“非遗”文化十分必要。

（2）留学生学习汉语的需要。随着我国经济的发展，综合国力的增强，中国在世界上的地位不断提高，越来越多的外国人来到中国，不管是处于商业目的还是对中国文化的喜爱，都为文化走出去提供了条件。汉语也会涉及“非遗”文化部分，且“非遗”文化作为我国传统文化的代表，是留学生汉语学习的必要知识储备，因此“非遗”文化应当纳入对外汉语教学，参与到汉语教学的课堂与课外，帮助留学生认识中国文化的精髓所在，更好地融入中国文化的氛围之中。

2. 对外汉语教学中开展“非遗”文化的意义

汉语与中国文化关系密切，中国文化能反映出整个中华民族的精神风貌及文化面貌。虽然对外汉语本身是语言方面的教学，但汉语与文化之间的关系尤为密切，汉语的学习不可能离开文化独立开展，因此，语言教学同样也是文化教学。中国文化方面的教学在对外汉语教学过程中的比重较大，文化方面的教学可以从不同的角度切入，其中“非遗”文化就是重要的一项。

对外汉语教学中开展“非遗”文化的意义有以下几个方面。

第一，可以化解留学生认识上的误区。文化上的差异导致不同思维模式的存在，尤其在接受与自己母语文化相差很大的文化时，有的留学生表现为失望，严重的会抗拒，这样会影响跨文化交际。“非遗”文化以其丰富的内涵、创意的形式，吸引着广大留学生参与进来，其趣味性引导学生放下文化芥蒂，投入文化体验中。当留学生真正了解了“非遗”文化的内涵，会化解留学生认识上的误区，帮助留学生了解中国文化。

第二，可以消除留学生刻板印象。“非遗”文化的引入，能够帮助留学生打开认识中国文化的大门，在“非遗”文化的熏陶下，留学生可以更直观地感受到中国文化的魅力，了解当下中国人的生活面貌及精神面貌。

（二）对外汉语教学中“非遗”文化的开展

1.“非遗”文化教学的原则

对外汉语教学引入“非遗”文化教学应当遵循以下原则，如图 3–9 所示。

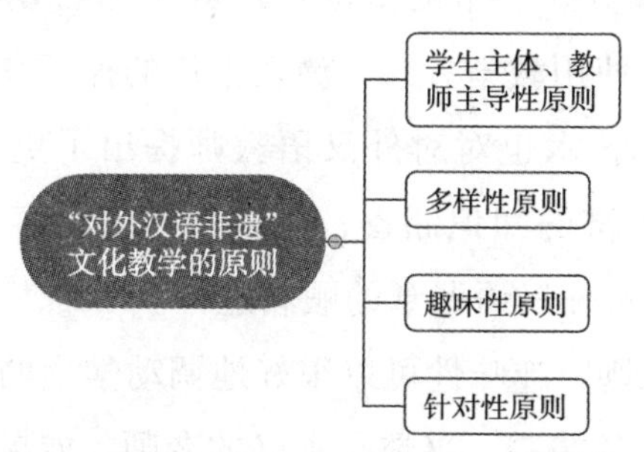

图 3–9　对外汉语“非遗”文化教学的原则

（1）学生主体、教师主导性原则。在对外汉语教学中，要想获得良好的教学效果，需要教师与学生的完美配合，一方面，应当发挥学生的主体性地位，主动学习相关知识，完成知识的学习与迁移；另一方面，教师应当发挥其主导性，引导学生发问、思考，最终达成学习目标。

学生的主体性表现为学生有自主学习的权利，同时学生也可以有不同的对外问题的看法。这里留学生可以充分发挥自我能动性，利用现有资源搜集相关的“非遗”文化资料，在对外汉语课堂上发言、讨论，最终达成学习目标。

教师的主导性主要表现为，教师根据学习任务安排教学进度，同时充分尊重学生的主体地位，以学生为中心开展教学。教师作为课堂的主导者，需要把控教学进度及教学的各个环节，无论是教学环节还是教学结果都能从容应对。在“非遗”文化教学开展之前，教师应当充分考虑留学生的具体情况，选择合适的教学内容，以激发留学生的兴趣。对外汉语教师还应当充分照顾留学生的情绪，帮助其树立学习汉语的信心。对外汉语教师不仅要讲授“非遗”文化的精髓，还要对文化内容进行细化，找到留学生感兴趣的点进行深入，在教学中为留学生营造一个良好的学习氛围。

（2）多样性原则。现代多媒体技术为对外汉语教学课堂提供了多样性的教学手段，对外汉语教学可以利用多媒体技术拓展课堂形式，通过配图、视频等方式，帮助留学生理解文化的表象，同时根据留学生的兴趣点，灵活使用教学方式，激发他们的探索欲。

当然，多媒体技术也对对外汉语教师提出了更高的要求，要求对外汉语教师要有丰富的知识储备，选择恰当的内容（避免出现过多争议的知识），保证对外汉语课堂的顺利进行。

（3）趣味性原则。趣味性可以很好地调动学生的内驱力，引导学生努力挖掘中国文化的精髓。兴趣是最好的老师，如果“非遗”文化的对外汉语课堂变成了纯理论的课堂，将会使课堂变得枯燥乏味，留学生也会丧失学习的动力。在对外汉语教学中，“非遗”文化的学习可以通过味觉、视觉、听觉、嗅觉等感觉器官教学，针对不同的“非遗”文化特色，选择不同的方法切入，激发留学生的兴趣。例如，在讲解“刺绣”时，可以通过视频解说刺绣的样式（如汴绣、蜀绣、粤绣、苏绣、京绣等），并结合古代刺绣的传统讲解，汉语教师可以准备刺绣工具，邀请留学生体验，还可以留一些手工作业，这些都可以激发留学生的兴趣。留学生在实践中体会刺绣的流程，体会“匠人精神”的内涵，进一步领略中国文化。

（4）针对性原则。“非遗”文化具有独特性，在设计“非遗”文化内容时需要找到适合它的教学设计方法。另外，还可以根据留学生的差别选择恰当的教学方法，最终达成学习目标。

“非遗”文化的针对性同样也给对外汉语教师提出了更高的要求，对外汉语教师应了解留学生的基本情况，了解留学生的心理，对外汉语教师还要针对留学生的个性，进行个别辅导和问题解答，满足不同文化背景下的留学生的文化需求。

2. 寒假文化课堂

聊城大学国际教育交流学院在寒假期间开设了寒假文化课堂，结合冬奥文化和春节文化，让学生度过了一个有意义的假期生活。寒假期间，学院开设了“幸福中国年”系列课程。

在传统美食课堂上，让留学生了解中国春节饮食文化，体验“舌尖上的中国年”；在非遗文化课堂上组织留学生剪窗花、写春联、观新春花灯，体验中华传统年味道。

在体育课堂上，组织太极拳表演、花样踢毽、拔河友谊赛，云享奥运冰雪激情，体验冰雪冬奥年。

学院坚持开设假期文化课堂不仅丰富了留学生假期生活，还让留学生亲身体验了中国文化，度过了冰雪文化与传统文化相融合的难忘时光。

第四章　基于文化的对外汉语教材编写

一、增强对外汉语教材的科学性

对外汉语教材与其他学科的教材一样，在编写的过程中，应当注重科学性。从第一本对外汉语教材编写开始，科学性一直是教材编写与评估的重要指标。在对外汉语教材编写的过程中，应当具备问题意识，如图 4-1 所示。

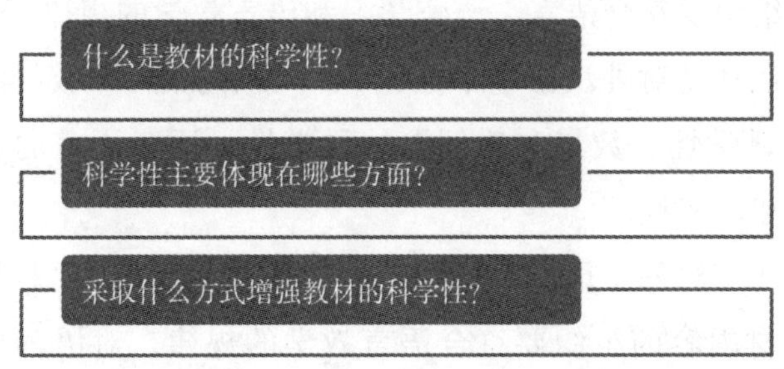

图 4-1　教材科学性的相关问题

以上三个问题应当贯穿于教材编写的始终，同时要突显教学科学性的必要性与紧迫性。

（一）关于对外汉语教材科学性的研究

从 20 世纪 80 年代开始，学界对对外汉语教材的科学性展开了研究，并进行了详细论述，归纳起来包括以下三点，如图 4-2 所示。

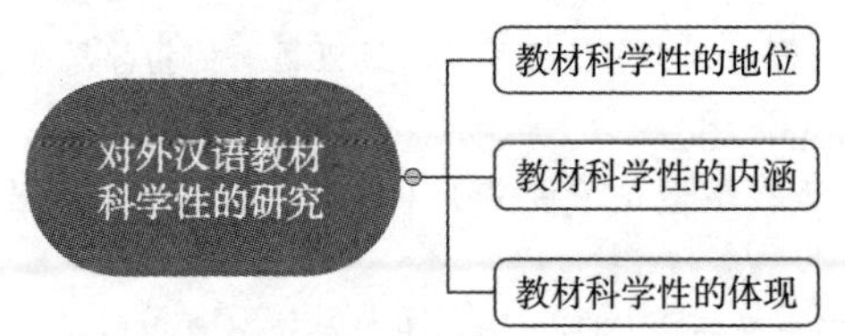

图 4-2　对外汉语教材科学性的研究

1. 教材科学性的地位

李更新等在《编写〈高级汉语〉的指导思想和原则》一文中说道："科学性是一部教材的灵魂，它涉及教材的体例设计、内容选择与安排、词汇的选择与分布、字词的重现和练习设计等多方面的内容。"①

2. 教材科学性的内涵

关于教材的科学性，代表性的论述有以下几个方面。

吕必松在其《对外汉语教学概论（讲义）（续五）》一文中指出："科学性原则是说，教材的语言要规范，对有关知识的介绍和解释要科学，教学内容的组织要符合语言、语言学习和语言教学的规律。"②

赵贤州在其《对外汉语教学通论》一书中说道："教材的科学性包括编排上的科学性、数量和比例上的科学性、语音语言的规范性、注释的准确性和严密性。"③

刘珣在其《对外汉语教育学引论》一书中说道："要教规范、通用的语言，教材内容的组织要符合语言教学的规律，对语言现象的解释要准确等。"④

3. 教材科学性的体现

杨石泉在其《教材语料的选择》一文中说道："外语教材的科学性包括语音、语法的系统性，语法点分布的合理性，词语的常用度和重现率，内容安排是否由浅入深，符合循序渐进的原则，语言的标准化等。"⑤

吕必松在其《对外汉语教学概论（讲义）（续五）》一文中指出："练

① 李更新，程相文，谭敬训，等．编写《高级汉语》的指导思想和原则 [J]. 语言教学与研究，1983（4）：68-78.

② 吕必松．对外汉语教学概论（讲义）（续五）[J]. 世界汉语教学，1993（3）：113-124.

③ 赵贤州．对外汉语教学通论 [M]. 上海：上海外语教育出版社，1996.

④ 刘珣．对外汉语教育学引论 [M]. 北京：北京语言大学出版社，2000.

⑤ 杨石泉．教材语料的选择 [J]. 世界汉语教学，1991（1）：40-42.

习的内容和方式要与教学内容、教学目的和课型特点相一致，外文注释要讲究科学性等。”①

邓恩明在《编写对外汉语教材的心理学思考》一文中说道：“教材的科学性来源于编译者对语言现象的科学解释，也有赖于编写者对教学规律的认识，还体现在知识和技能的系统性方面。”②

关于对外汉语教学教材的科学性，相关学者给予了高度重视，认为科学性是教材的灵魂，也是教材编写的原则，科学性表现在语言的规范、知识的准确、知识的系统、语法的严密、组织的规律等，当然随着时代的发展科学性也在不断发生着变化，科学性需要紧跟时代发展的脚步不断向前迈进，以编排出具有时代性、科学性的对外汉语教材。

（二）对外汉语教材科学性实施途径

关于对外汉语教材科学性实施，可以从理论与实践方面切入，以提升对外汉语教学的科学性。

1. 突显对外汉语作为第二语言教学的特性

对外汉语教材需要突显第二语言教学的特性，在教材编写过程中，要清楚对外汉语教材是为外国留学生编写的，是学习汉语以及教授汉语的工具书，对于留学生来说，学习汉语的最终目的是更好地运用所学的汉语进行跨文化交际，所以教材编写的首要任务是培养留学生的实际语用能力，提高其跨文化交际能力，为此语言方面的知识应当放在次要位置。

对外汉语教材需要具备可教性与科学性，主要表现为以下几点。

其一，教材需要融入汉语的语音、词汇、语法等语言要素，并且要恰到好处。

---

① 吕必松．对外汉语教学概论（讲义）（续五）[J]. 世界汉语教学，1993（3）：113-124.

② 邓恩明．编写对外汉语教材的心理学思考[J]. 语言文字应用，1998（2）：58-64.

其二，要规划语言学习方式及学习程序，通过行之有效的办法，把控教学内容、教学容量、教学体例等，有效促进教师的教与学生的学。

其三，需要突显教材的性质及特点，从根本上与面向中国学生的汉语教材相区别。

因此，在设计及编写对外汉语教材时，应当凸显出对外汉语作为第二语言的性质及特点，这是保证教材科学性的前提。

2. 突出教学重点及难点

总结对外汉语教材的内容，对外汉语的难点和重点在特殊句式、虚词、量词三个方面。

另外，除了日本、韩国留学生对汉字相对熟悉之外，其他国家的留学生对汉语仍感到陌生，因此，汉语教材还应当注重汉字教学。将汉字教学纳入独立的文字系统，设立专门的内容、方法及步骤，进行专项学习。汉字是学好汉语的基础，没有汉字的学习，也无从谈及语言学习。

所以，归纳起来，对外汉语教材不仅需要体现汉语的特点，还要关注语言成分，注重汉字的积累。在教材的编排过程中，进行符合语言规律、学习规律、教学规律的内容设置，这样才能增强教材的科学性。

3. 突出对外汉语教学内容上的准确、系统、规范

对外汉语教材在教学内容上需要准确、系统、规范，在编写过程中要处理好准确与模糊、系统与简约、规范与灵活的关系。

（1）准确与模糊。对外汉语教材的准确性表现为语言准确、说明清楚、技能训练方式与目标一致等，可以说准确性是编写对外汉语教材的首要标准。然而在操作层面，准确性较难把握，主要表现为意义、用法模糊，语言问题，语音、语法、词汇上未达成共识等，因此，对确定的内容一定要最大限度地追求准确，对不确定的内容，在书中采

取“一般来说”“大多数”等措辞来表达模糊性，以实现对外汉语教材编排的科学性。

（2）系统与简约。所谓系统性，是指对外汉语教材的编排所涉及的内容应当全面、系统。其内容应当包括以下方面，如表 4-1 所示。

表 4-1　汉语教材的编排内容

内　容	具体呈现
语音	声母、韵母、声调、变调、轻声、儿化等
词汇	结构类型、词类、基本词汇等
语法	词类、词语、句子成分、句子类型、特殊句型、复合句等
汉字	笔画、笔顺、结构类型、形声字、会意字等
汉语练习	语音、语法、汉字、词汇、语篇等
文化	物质、精神、观念、制度、习俗、交际、语言、民族、伦理、道德、宗教、艺术等
练习方式	机械性练习、交际性练习、任务型练习、活动型练习等

除了以上内容外，对外汉语教材还涉及场景、话题、功能等内容。系统性针对的是对外汉语教材而言，但系统性需要建立在现实的基础上，需要根据留学生母语的特点、学习目标、学习实践、汉语掌握程度等来编排教材内容，所以对外汉语教材在编排过程中也会做一些简化，实现教材内容的优化。因此，对外汉语教材同样是系统与简约的统一，体现出教材的科学性。

（3）规范与灵活。规范性是对外汉语教材科学性的表现之一，同时是科学性的标志性要求。规范的对外汉语教材体现在以下几个方面。

其一，教材中标准的普通话以及标准的汉字书写。

其二，词汇、语法、汉字、功能、文化等内容应根据大纲设定，避免随意性。

应当注意的是，不同水平的留学生使用的教材应当有所区别，其各要素之间的比例也要有所区别。纳入对外汉语教材中的词汇、语法、汉字的比例应当为初级最高，中级次之，高级最少，这里就体现了对外汉语教材编排的灵活性。

4. 突出汉语的规律性

教材的内容上需要体现科学性，内容的呈现方式应当体现规律性，主要表现如图 4–3 所示。

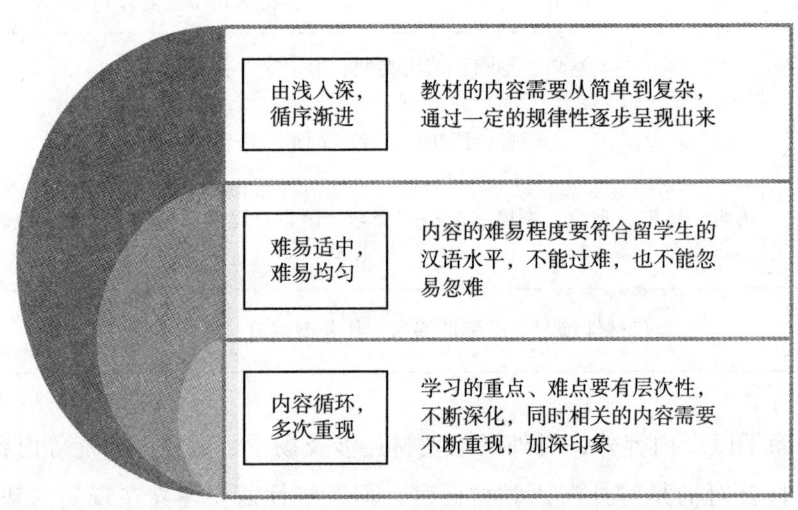

图 4–3　汉语规律性表现

5. 突出教材策划的科学性

教材在编排过程中，强化“教材质量第一，科学性为首”的观念，对教学内容进行科学规划，注重各个环节的科学性与可持续发展性。对外汉语教材编排时，应避免教材非科学性的情况出现，如一句话中出现几个生词，有的一段话中没有一个生词，这样会影响留学生学习汉语的兴趣。

对外汉语教材的编排应当吸收国内外第二语言教学的一些新的理论与成果，运用新的理念、大纲、教学法理论等进行编排，突显教材的时代性。科学性不仅要求教材在设计与编写上与时俱进，还表现为吸收新的内容、观念、理念、素材来充实对外汉语教材，这样才能提升留学生的对外汉语交际能力。

二、注重对外汉语教材的实用性

对外汉语教材的实用性是指对外汉语教材编排的内容符合教学目标，有利于教师的教与学生的学，简言之，是对外汉语教材的编排好教易学。一般情况下，留学生在学习汉语时，希望在较短的时间内实现自己的汉语学习目标。所以，对外汉语教材的实用性主要是指教材在满足留学生的目标需求与效率需求方面发挥最大的效用。考察一本对外汉语教材优质与否，就要看教材内容及语言知识是否符合汉语语言的规律，是否符合留学生的学习心理，是否符合教材的编写规律，如果全部符合，则可以判定为一本优质的教材。

（一）对外汉语教材实用性的基本要求

对外汉语教材实用性的基本要求表现在以下几个方面。

其一，从留学生角度来看，学习了对外汉语的教材内容明显感觉有用，体现了实用性。

其二，所选择的教材内容具有较强的可操作性，对于教师来说，便于知识与技能层面的教学；对于学生来说，学习方便快捷。

其三，内容设置上需要遵循从易到难、由浅入深的原则，注重语法的内在联系，遵循教材编写的规则，保证教师好教，学生好学。

其四，在教材编排过程中，应始终以实用性为主导，包括场景设置、话题范围、题型练习等都要以实用为主。

（二）对外汉语教材的实用性实施

对外汉语教材要确保实用性，可以从以下几个方面出发，如图 4-4 所示。

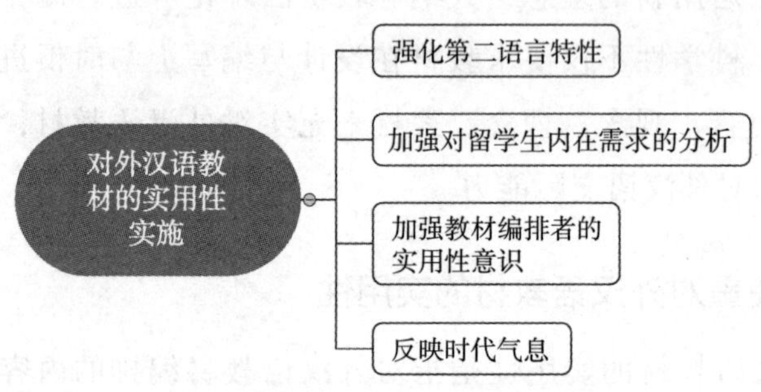

图 4-4　对外汉语教材的实用性实施

1. 强化第二语言特性

教材语言知识的选择及编排需要强化第二语言特性，即选择有利于培养和提高学习者的目的与交际能力的内容，这是体现实用性的根本性问题。一本教材如果不符合第二语言特性，那么就不能很好地培养留学生的汉语交际能力，也就没有实用性可言。因此，对外汉语教材应当体现外语教学的特点，区分外语教学与母语教学，以提高留学生汉语交际能力。

2. 加强对留学生内在需求的分析

要保证对外汉语教材的实用性，还需要深入分析留学生的内在需求，在需求的基础上根据教材的目标定位进行设计，从教材的实验结果来看，教材的内容与留学生的需求越一致，其实用性就越强，当然如果教材偏离了留学生的需求，则教材的实用性大打折扣。

对留学生的分析重在其需求上的分析，教材编排者需要对留学生学习汉语的目的、汉语水平、欲达到的水平、学习方式、文化背景、年龄等有清晰的认识，这些认识可以通过调查问卷、教学经验等获取。

有了基础认识之后，进一步确定教学对象，明确教学目标，根据教学时间来设定教材的容量，以最大限度地实现汉语的交际功能。

3. 加强教材编排者的实用性意识

为此，对外汉语的教材编排者需要注重每一环节的实用性，在基于留学生实际需求的基础上编排内容，充分考虑教材的实用性，从内容、词汇、语法、情境、功能上把控教材的实用性，满足未来留学生对汉语的使用。

4. 反映时代气息

教材的编排应当充满时代气息，可以选择当下时代的主流价值观或者文化热点编排，增强留学生的现代交际能力，为之后的跨文化交际奠定基础。

三、增加对外汉语教材的趣味性

对外汉语教材的趣味性是最能激发留学生学习汉语兴趣的因素之一，近年来汉语教材非常关注趣味性问题。教材趣味性的突显，进一步激发了留学生学习汉语的热情，在趣味性的引导下能有效刺激留学生的内在动因，帮助留学生更快地掌握汉语基本规律，更重要的是趣味性还能引导留学生深入语言与文化学习，为我国的文化传播奠定了基础。

（一）趣味性释义

对外汉语教材的趣味性可以分为产品趣味性与过程趣味性，所有关于趣味性的探索不外乎从这两个方面入手。

1. 产品趣味性

产品趣味性是指教材本身有趣，对其进一步细分可以分为语言趣味性及印刷趣味性。语言趣味性是指教材的内容与形式生动有趣；印刷趣味性是指教材使用的纸张、装帧特点、版面、插图等符合留学生的审美倾向，呈现出趣味性特征。

2. 过程趣味性

过程趣味性是指教材在教学过程中呈现出的趣味性。过程趣味性需要教师与留学生相互合作才能实现。在对外汉语教学过程中，教师需要明确教材中的趣味点，与教材编排者的想法一致。当然这是理想的状态，在现实的对外汉语教学中通常是编排者认为有趣的地方，对外汉语教师不认同，而对外汉语教师认为有趣的地方，编排者并未发现。但对外汉语教师可以进行生发，将教材中的趣味性充分挖掘出来，展现给留学生，这样一本教材在不同的对外汉语教师手中有了新的趣味性。

过程趣味性也称“创造性趣味性”，在教学中常以两种情况出现。

第一，对外汉语教学在备课时应充分考虑留学生的个性差异，对课堂细节进行了统筹规划，并有意识地设计了趣味性内容，这样的趣味呈现被称为“预设趣味性”，这样的趣味性针对性强，学生反响强烈。

第二，对外汉语教师还可以就课堂上的临时状况发挥“教育机制”，就课堂上出现的问题进行幽默化处理，产生即时的趣味性。

（二）提高对外汉语教材趣味性的措施

对外汉语教材的趣味性是一项系统工程，教材编排者对趣味性认识的深度、编排者的经验、编排者的理论素养以及趣味性的切入点等都会形成不同的趣味风格，也会影响课堂教学的效果。但趣味性的塑造可以循着规律展开，具体来说包括以下几个方面，如图 4–5 所示。

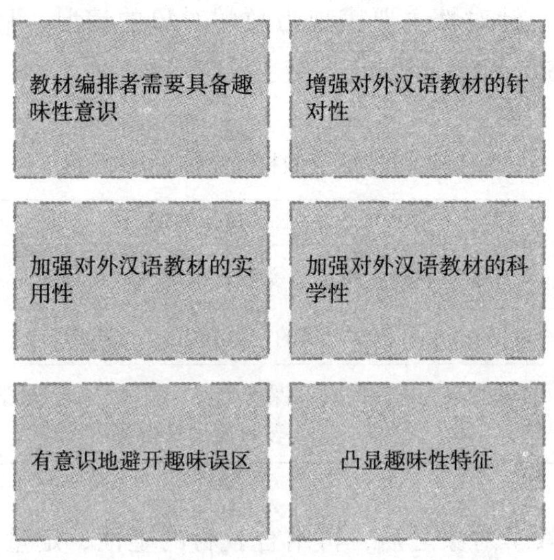

图 4-5 提高对外汉语教材趣味性的措施

1. 教材编排者需要具备趣味性意识

对外汉语教材的对象是广大外国留学生，他们对中国文化的了解远远不够，因此教材的编排者应当站在留学生的角度，将中国文化进行“陌生化”处理，以留学生感兴趣的角度切入。在教材编排时需要将兴趣放在首位，因为这是激发留学生主动学习汉语的动力。当然，重视趣味性并不能确定教材就具有趣味性，但如果不重视趣味性，教材就显得枯燥无味。

对外汉语教材编排者还应当充分意识到教材具有趣味性绝非易事，需要找对方法进行创造，但仍然需要发挥主观能动性，最大限度地创造趣味内容。从教材的设计来看，编排者需要在编写计划中对所有的“兴趣点”做出规划，从编写原则、趣味性内容安排、体例结构、单元设计、板式、印刷等方面精心设计，以凸显趣味性。

2. 增强对外汉语教材的针对性

对外汉语教材的针对性与趣味性密切相关，教材的针对性越强，趣味性就越强。针对性主要表现为教学对象的情况、目的语的情况、教材编排的情况，如表 4-2 所示。

表 4-2　对外汉语教材的针对性切入角度

角　度	具体表现
教学的对象	年龄、身份、母语、受教育情况、社会环境及文化传统等
目的语情况	目的语水平、学习目的、认知方式、学习期限、学习类型等
教材编排的情况	教学时限、周课时量、课程类型、教材目标、教学重点的确定、教材配套情况等

在了解了教学对象之后，再结合教材的定性、定量、定位，就能有针对性地搜集相关趣味性内容。

3. 加强对外汉语教材的实用性

实用性前面已经讲到，这里主要强调实用性与趣味性的关系，对外汉语教材的实用性表现在教材在实际生活中的运用，其实生活是最真实的语言环境，既充满着确定性，也具有不确定性，而其中也蕴含着趣味性，因此增强教材的实用性无疑增强了教材的趣味性。

4. 加强对外汉语教材的科学性

对外汉语教材的科学性与实用性一样，都对教材的趣味性有着一定影响。对外汉语教材的科学性，表现为教学内容的组织上符合语言教学的规律，采取循序渐进的方式，由简到繁、由浅入深，语言点、生词布局合理，不同教材适合不同水平的留学生等。另外，对外汉语教材的科学性还表现为符合语言规律，即语法正确、翻译准确、与时俱进。当然，科学性与趣味性的关系不易被察觉，但如果教材失去了科学性，也就没有趣味性可言，如教材的内容本身具有趣味性，但在一篇之中出现多个不认识的汉字，留学生的注意力被迫停在了学习汉字上，也就没有办法好好体味内容的趣味性了。

5. 有意识地避开趣味误区

在对外汉语教材开始编排时，学者就有所侧重，但有的教材并没有达到预期的效果，反而令学生厌恶。这里举几个趣味误区的例子。

（1）以可笑为趣味。只是单纯追求内容上的可笑，其目的是引起留学生大笑，但搞笑的内容不一定能激发留学生学习汉语的兴趣，需要明白对外汉语教学的趣味性不仅是笑话和幽默，还有文化背后令人深思的内涵。

（2）幼稚化。这类观点认为，留学生的汉语水平较低，于是通过儿童化的语言来编排内容，语言说起来朗朗上口，蕴含哲理，但由于内涵过于幼稚，同样不能激发留学生学习的兴趣。

（3）“弘扬”倾向。有的对外汉语教材中介绍了较多的文化内容，其初衷是弘扬中国文化，但因为文化内容过多，有了“强加于人”之嫌，也会引起留学生的反感。因此，要掌握语言与文化的关系，采取适度原则。

（4）“迎合”倾向。为了迎合留学生的兴趣，在内容选择上迎合留学生的口味，满足其猎奇的心理，这样的趣味属于低级趣味，不利于语言与文化教学的开展，仍然需要通过正面内容，弘扬中华文化塑造民族形象。

6. 凸显趣味性特征

在教材编排过程中，可以采用直接增强教材趣味性的方法，激发留学生学习汉语的热情，具体方法有以下几种。

（1）适当增加百科知识。

（2）缩短课文的篇幅，增强留学生的成就感。

（3）板式设计创新。

（4）故事化内容设计。

除了以上途径之外，教材的编排还可以从语体风格、话题等方面切入，使得内容呈现出较多的时代性与趣味性。

第五章　基于文化的对外汉语教学的实施策略

对外汉语文化教学不仅是一种教学理念，还是一种教学实践。教学的关键环节是教学实施，即将教学方案付诸实践的过程，这是一个不断变化的过程，直接关系着教学目标的完成。而文化具有多元性、差异性、动态生成性等特征，使得对外汉语教学的文化教学也处在不断变化之中，因此，在开展文化教学时，应当加强文化设计与实施之间的相互调适，推动文化教学。

第一节　体验式教学中的文化体验

一、体验式教学的必要性

（一）文化教学的特殊性

语言与文化的区别在于语言可以通过学习习得，而文化不仅需要学习，还需要内化，文化需要在耳濡目染的过程中习得。在对外汉语教学中需要重视文化的“内化”，只有实现了内化，文化才能真正被留学生掌握。外国留学生从小接受的是自己的母语文化，其母语文化深入骨髓，而对汉语文化需要克服重重障碍才能获得。故如果没有获得更多的共情，留学生学习汉语也将流于表面，因此，对外汉语教学需要创造更多的文化体验使留学生产生共情，在更加广阔的范围内、在更加真实的场景下，展开汉语的学习，使对外汉语教学体现出“学校即社会”“教育即生活”“教育即生长”的理念。

（二）外国留学生现状的需要

外国留学生尤其处在初级水平的学生，其汉语积累较少，对语言背后的文化思想及文化意义了解不够，大多数只能停留在字面意思，如果只是知识性的内容讲解，只停留在感知状态，不会留下深刻的印象。另外，对于外国留学生而言，学习汉语的最终目的是应用到跨文化交际中，培养跨文化交际能力，而跨文化交际能力包含知识、思维、能力、行为、情感、个性等方面的多个能力的训练。如果只在对外汉语教学中阐述文化知识，但没有具体的情境，也不能提高相关的能力，且文化处在一个流动的状态，如果不掌握交际能力，很难在不断变化的时代中掌握主动权。在对外汉语教学中，教师的任务不仅是教授留学生知识，还要引导留学生从实践中学习语言及中国文化，体会文化背后的深意，才能突破语言表层，触及语言深层次的意义，这样才能将文化内化为留学生的一部分，提高留学生的汉语交际能力。

（三）体验式学习的意义

著名的教育家布鲁纳强调，认知的本质是过程，而非结果。对于文化来说，认知同样是一个过程，而非学习结果，需要留学生真正参与到文化的学习与建构之中。因此，体验式教学需要从过程中把握文化的形式与内涵，通过不断体验、思考，使留学生对中国文化有更为深层的理解。

德国哲学家、历史学家、心理学家、社会学家狄尔泰非常重视体验，他认为："生命就是一种不可抑制的永恒的冲动，它处于不断生成的流变之中，人们只能依据内在的体验加以把握。在体验中所体验到的是，我在世界之中，世界也在我之中。"①

对于留学生来说，在教育情境中不断生成的鲜活的体验，是留学生宝贵的财富，留学生将学到的知识进一步创造、释义，不断生成新的意义。可以说，体验式教学进一步提高了汉语文化教学层次，引导留学生注重语言的真实语境，体会语言的深意及其背后的文化价值，促进文化精神的领悟，提高对外汉语教学的效率。

① 邹进．现代德国文化教育学[M]．太原：山西教育出版社，1992：174.

二、体验式教学的文化体验过程

对外汉语文化教学的过程不仅是文化知识学习的过程，还是学生在教育情境中不断领悟的过程，同时是留学生体验成长的过程。从建构主义理论看，学习活动发生在一定的文化背景之下，在汉语学习时，留学生会无意识地利用自己已经建构好的认知结构对新学的知识进行同化，从而获得新的认知结构。一般来说，对外汉语文化教学中的文化体验需要经过三个过程，如图 5-1 所示。

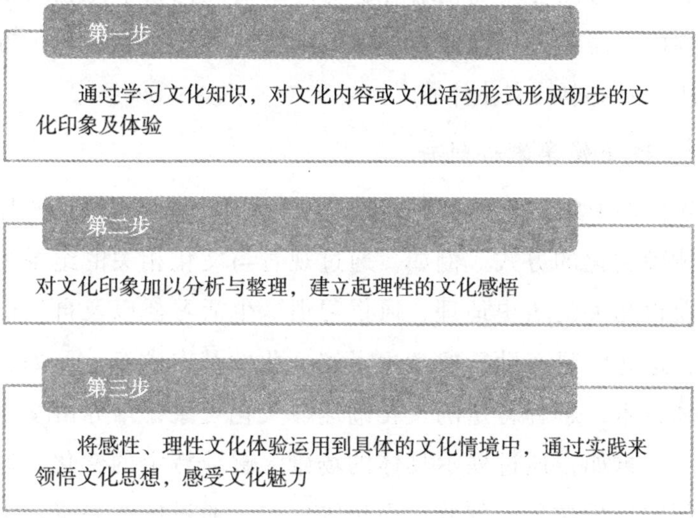

第一步

通过学习文化知识，对文化内容或文化活动形式形成初步的文化印象及体验

第二步

对文化印象加以分析与整理，建立起理性的文化感悟

第三步

将感性、理性文化体验运用到具体的文化情境中，通过实践来领悟文化思想，感受文化魅力

图 5-1　对外汉语文化教学中的文化体验的过程

在对外汉语教学中，留学生的学习通过知、情、意全面展开，通过真实的文化情景的体验，获得文化审美及对文化深层次的理解。

文化体验是对文化感悟的过程，“感”是感动，“悟”是领悟，感悟就是通过体验有所触动，强化学生的思维方式。在对外汉语教学中，留学生对中国文化的感悟在于，他们实现了文化与自我心灵的自由对话，通过非逻辑的方式，以内隐、模糊的方式领会文化的深意，并伴随着情感的体验。因此，在文化体验过程中，需要进一步拓展对外汉语教学的文化空间，不仅连接着课堂教学，还连接着生活的方方面面，将教学延伸到最大范围，这样不仅可以促进文化体验的广度，还促进了文化体验的深度。对于教师来说，拓展了教学手段；对于学生来说，学生可以在宽松的语言环境中，从不同的角度出发，培养留学生学习汉语的兴趣。

三、体验式教学的文化体验途径

课堂教学与社会环境相结合是对外汉语文化教学体验式教学的关键。一方面，需要进行课堂教学方面的文化教学创新；另一方面，也应加强社会环境中的文化体验。

（一）课堂教学体验创新

课堂教学中的文化体验是指通过文字、语言、录像、图片等形式间接地体验文化的方式。例如，通过观看与文化相关的纪录片、电影等资料获得相关的历史地理、风俗习惯、生活习俗以及自然山川等文化信息，这些资料有助于留学生了解文化的基本内容。又如，借助现代新媒体技术，解释特定的文化潮流、文化现象，培养留学生的文化领悟能力。再如，通过展示具体的场景，解释特定的文化，通过地图了解中国的地理位置、气候、面积等信息，通过中国餐桌，了解中国的饮食文化。

（二）社会环境体验创新

社会环境中的文化体验，体现为通过留学生的亲身经历，以较为直接的方式了解文化的内涵。例如，在中国传统节日到来时，可以邀请留学生到中国学生家中做客，了解节日的相关礼仪、饮食文化，进行文化体验。另外，中国历史悠久，国内的历史文化遗迹都是历史的见证者，具有深厚的文化意义，对外汉语教师可以引导留学生参观这些遗迹，创造真实的语言感悟环境。

第二节　对话式教学中的文化融合

一、对外汉语文化教学的实质——文化对话

对外汉语教学是语言文化、沟通文化的创造过程，同时是一种以文化为内容及方式的交互主体性发挥的过程。对外汉语文化教学实质是以文化对话的方式，实现多元文化的互动与创造。对于特定群体的文化传播，其观点、主张传播起来较为困难，但从与文化相关的地理、历史、心理、风俗、习惯等方面切入，就实现了文化的传递与共享。通过自然对话来理解文化差异，通过对话的协商功能，促进不同文化群体之间的交流。在进行对外汉语文化教学时，对外汉语教师应当将文化对话贯穿在整个文化教学过程中，与外国留学生开展平等对话，充分尊重不同文化及思维模式，充分了解外国留学生的心理特征，为外国留学生创造一个多元的学习、对话环境，促进留学生生成接收中国文化的心理，进一步促进汉语及汉语交际能力的提高。

对话的前提是平等、民主，文化对话不仅是一种交流的手段，还是一种存在的状态。文化对话强调了平等关系，消解了优劣、强弱的文化的等级观念，使得双方站在平等的地位上进行交流。在对外汉语教学中，教师与学生之间、学生与学生之间进行交流，两者都是文化交流的主体，同时是教学实践的践行者与建构者。

对外汉语文化教学是一个双向文化交流与互动的过程，其中必然会有文化的差异与冲突，尤其文化冲突，是文化交流过程中常见的现象。文化冲突产生的原因，一方面，是由于文化主体对其他文化的难以认同；另一方面，是由于留学生对母语文化的坚守，这是对外汉语教学中常出现的问题。从教学过程来看，文化冲突表现为不同的外国

留学生对同一篇课文、同一个句子、同一个词等产生不一样的认知，这样的冲突直接影响着外国留学生学习汉语的效率。这一问题可以通过平等对话来解决，通过对话可以提供发现世界、发展自我、相互发现的契机，这里的文化交流不再是一种文化植入行为，而是精神对话行为，促使对外汉语教师与学生保持一种愉悦感，以实现双向的交流。在解决对外汉语教学中的文化冲突时，应当尊重留学生的母语文化，对留学生母语文化持肯定态度，同时要维护留学生的自尊心。

在对外汉语教学中，外国留学生经常会碰到一些无法理解的语言、文化或者价值观，此时就需要处理文化冲突的问题。克拉申认为在汉语教学中会出现两种文化，即本民族文化、目的语文化。外国留学生在学习汉语时，需要调整自己的文化态度，但无论怎样调整，他们总是以自我认知结构为主，以本民族文化为主，以中国文化为补充，来理解文化差异。对于这一问题，对外汉语文化教学应当以平等对话为出发点，化解文化冲突，达到共存与发展。

二、对话式教学的实施途径

对外汉语文化教学中开展对话式教学实现了师生之间真正意义上的对话，通过经验分享，师生达成默契，促进教学效率的提高。对话式教学中对外汉语教师不再以独白的方式进行文化的单向传播，而是以教师、学生双主体的身份共同参与到对外汉语教学中来，促进双方精神上的对话，在共享中实现教学的意义。

师生是对话式教学的主体，这种教学模式既包括教师向留学生提出相关问题，留学生进行回答，也包括留学生提出疑问，教师进行解答。对外汉语教师的提问起着关键性作用，一方面，教师的提问可以引导留学生进行思考，进一步明确留学生的活动方向；另一方面，教师的提问能对留学生起到示范作用，可以引导留学生提问的形式及内容，如图 5-2 所示。

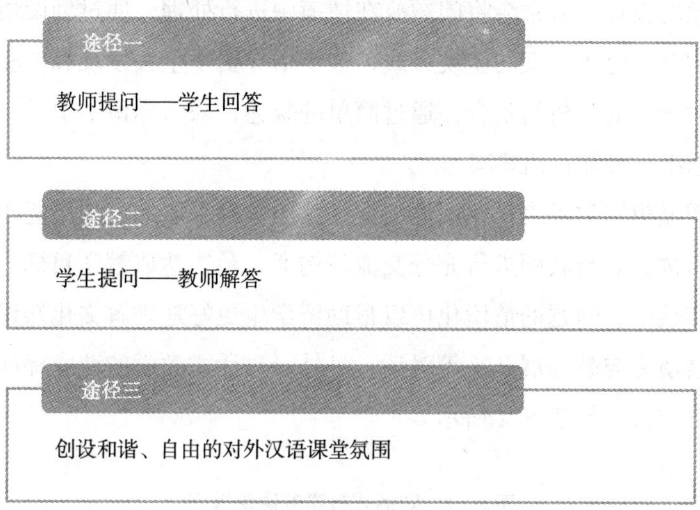

图 5-2　对话式教学的实施途径

（一）教师提问——学生回答

教师在课堂上的提问有着不同的行为表现。

1. 明显的权威性与优越感

这类教师在课堂教学过程中，表现为通过权威来主导教与学，所设计的问题多从自己的经验出发，围绕基本的教学内容及基本技能展开，而留学生回答的形式基本按照教材的顺序，周密、环环相扣。

2. 一定的权威性与优越感

这类教师在教学过程中，凭借个人的专业影响力来主导教与学，提问的内容及形式，通常结合课文的内容及生活体验来发问，寻求答案的过程以师生之间的直接交流为主，通过探索学习、发现学习，得出结论。

3. 不表露权威性与优越感

这类教师在教学过程中，惯用自己的经验，同时会考虑多方面的因素，如教材、学习程度等方面，设计相关的问题，激发留学生的积极性。

对于问题的设计，通常会将问题放在情境中进行处理，通过创设情境来满足教师的教。对于答案的呈现方式，善于引导留学生去发现和体验，引导留学生对知识的分析与整合，通过简单的叙述，来引导留学生进一步推理和发散思维，最终得出答案。

很明显第三类不表露权威性与优越感的教师采取的行为更能激发留学生的探索欲，能与教师进行充分交流与沟通，最终达成教学目标。在具体的教学实践中，问题的情境化可以帮助留学生更好地理解文化知识，并在创设的情境中与教师展开平等对话。另外，对话式教学的课堂提问通常还采取如下方式，如表 5-1 所示。

表 5-1　对话式教学的课堂提问

常用方式	具体内容
问题情境化	根据问题，创设情境，引导留学生在情境中感知、理解和思考问题
引发意见分歧	将留学生思维的着眼点引至对与错、是与非的对立面上，会造成留学生的认知失衡，使他们处于兴奋状态和积极思维之中，激发并维持回答问题的动机
耐心等待回答	教师提出问题后，不要急于让留学生回答，让留学生充分思考、斟酌推敲。留学生回答问题后，教师不要急于评判，或者提出另一个问题，而要留出足够的时间，使留学生有机会详细说明、补充或修正答案
适当提示	教师向留学生提出的问题，应尽可能引导留学生自行解决。对于有难度的问题，教师应当给出解决问题的方法、线索，甚至提供更加具体的背景知识。在时间允许的前提下设计数种备选的引导方案，以引发留学生思考
尊重差异性	由于留学生的个性不同，对课堂提问的反应速度、反应方式不同，应当因人而异
提倡多样化	教师提出的问题，有些可以让留学生通过查找资料来解决，有些可以让留学生通过小组讨论来解决。教师直接给出答案并不是解决问题的唯一途径。留学生通过合作、交流，自主探索，共同解决问题，可以从中体验到更多的快乐

续　表

常用方式	具体内容
适当反馈	教师表扬回答正确的留学生时一定要真诚、具体而不夸张、笼统，使留学生在受到鼓励的同时明白自己对在哪里；教师在指正留学生的错误回答时，要时刻注意自己的评价及评价方式可能会影响留学生的自尊心、自信心及今后参与课堂对话的积极性，教师应该从方法、语气、语言上进行推敲，设计一些指正留学生回答错误的合理方案，避免产生消极影响

通常情况下，教师的提问水平有高有低，高水平的问题可引导留学生积极思考，通过组合、推理、综合等途径，最终获得新的认知；低水平的问题通常以事实为依据进行问题的设置，其解答过程相对单一。在对外汉语教学过程中，对外汉语教师应当根据留学生的水平及教学任务设置合理的问题，其原则是对留学生来说有一定的难度，但通过努力可以成功克服，获得答案。

（二）学生提问——教师解答

留学生喜欢自由、灵活的上课方式，留学生提问——教师解答的模式可以进行推广，当下的对外汉语教学课堂仍然以教师提问、留学生回答为主。大多数留学生愿意向教师提问，但实际的教学中，向教师提问的较少。留学生更倾向于向同伴寻求帮助。对于对外汉语教师来说，也有自己的顾虑，对外汉语在一定的时间内需要完成教学任务，如果把握不好全局，会影响教学进度。因此，这种方法在现在的对外汉语教学课堂上作为课堂教学的辅助手段，还未作为主要手段进行推广。

（三）创设和谐、自由的对外汉语课堂氛围

留学生课堂参与的积极性，直接由课堂的活跃程度决定，因此对外汉语教学中应当创设和谐、自由的对外汉语课堂氛围。

第一，对外汉语教师需要利用课堂实践，高效完成教学任务，并

且还能引导学生自主探索、主动提问。两者之间的平衡实际上给对外汉语教师提出了更高的要求。

第二，在课上对留学生的问答行为进行正确的引导及评价。对外汉语教师应当改进指导以及评价方式，促进对话式教学课堂氛围的塑造。

第三节　适应性教学中的文化走向

一、对外汉语教学的文化走向——文化适应

文化适应是指在第二语言学习的过程中，对一种新的文化思想、观念、主张、信仰等方面的适应过程，是学习者与目的语社团的社会及心理结合。对于学习汉语的外国留学生而言，他们已经形成了完整的、稳定的认知结构，学习汉语是在跨文化的语境下拓展自己的文化观，不断接收中国文化的价值观及倾向。文化的接收涉及环境、心理、信息、群体等社会因素，个体认知、情感、意志等心理因素，接收的过程是不断变化与发展的。

文化适应中有一个独特的现象——跨文化交际中的文化混融，以下举一个典型例子。

留学生：你好！

中国学生：嗨！

留学生：吃了没？

中国学生：还没有，要不一起？

留学生：不用了。

中国学生：你说中国话越来越好了。

留学生：哪里哪里。你这件衣服真好看。

中国学生：是吗，呵呵，谢谢。

不难看出，以上对话采用了对方文化的交际模式，体现了不同文化的交流、渗透与吸收。当两种或者两种以上的文化产生交流与碰撞时，各个文化之间为了适应其他的文化，会自觉或者不自觉地发生改变，从而产生了文化适应。

文化适应通常分为两类：一类是学习者将目的语作为参照对象，未来会完全同化，成为目的语文化的追随者；另一类是学习者将目的语与母语之间划分得很清楚，在心理上学习语言，但其生活方式、价值观念等仍然相对独立，不受影响。这两类文化适应都能促进第二语言的学习。在学习汉语之前，外国留学生长期生活在国外，很难全盘肯定或者赞同中国文化。于是采用第二种方式的较多，即采用融合目的语文化的方式，保持自己的生活方式。

文化适应性的培养从建构主义理论来看，是在特定的社会文化背景下，通过人与人之间的协作活动，运用已有经验对所提供的信息进行新的意义建构的过程。知识的建构不仅是对外界信息的加工过程，还是连接新信息与旧知识，促使两者不断作用的过程。学习的实质是学习者通过自己现有的认知结构，结合自己的知识经验进行的新的知识的加工处理，最终使新知识成为认知结构的一部分。因此，对外汉语教学应当是一个引导外国留学生不断利用原有的知识建构新的知识的过程，在这一过程中强调知识的相关性、情境性、整体性。

教育学家奥苏贝尔在其《教育心理学——认知观点》一书中提到：假如让我把全部教育心理学仅仅归纳为一条原理的话，那么我将一言以蔽之，影响学习唯一重要的因素就是学生已经知道了什么。要探明这一点，并据此进行教学。

因此，教学活动的实质就是在原有认知结构的基础上，吸收新的知识，进而影响和完善原有的认知结构，以获得更加完善的个人认知结构。

二、加强对外汉语文化教学中的文化适应

在对外汉语文化教学中，留学生学习中国文化是一种以新的文化视角取代原有的文化视角的过程，通过中国文化与原有文化的不断辨认、认可等过程，扩展留学生的认知结构，从而通过不断学习生成一个新的意义世界。这个新的意义世界，往往高于原有的文化体系，为更多的经验增长提供了可能性。所以，在对外汉语教学中，文化的切入通常从与自己母语文化的异同出发，通过原有的、熟悉的文化来解释和学习新的文化，这正是适应性教学中的文化走向的体现。

在对外汉语文化教学过程中，留学生学习文化方面的知识会不自觉地通过本民族的文化观念去尝试理解中国文化，如果中国文化与本民族文化之间有着较大的差别，经常会出现跨文化交际障碍，这不仅不利于促进新的文化知识的学习，还会打破原有的平衡的文化结构，在认知方面产生焦虑心理。要缓解跨文化交际障碍，需要引导留学生认识到文化之间的差异，并引导学生明白文化只存在差异并没有好坏、优劣之分，应当抛开原有的文化结构，主动了解其他文化，包容其他文化，这样就能有效避免排他性，更新自我的认知结构。当留学生掌握了一定的汉语知识以及文化心理后，就能灵活运用自己所学进行汉语交际，根据不同的交际场合进行调整，以适应交际需要。如果到了这一层次，说明留学生已经适应了汉语的相关文化，使得其认知结构出现了新的平衡状态。

文化适应需要在交流中达成共识，其中增进交流也是促进文化适应的有效措施。常见的就是圆桌谈话。例如，聊城大学国际教育交流学院于 2021 年 5 月 27 日在桐园文化活动室举行“我们的这一年”青年交流会议。

第六章　基于文化的对外汉语教学模式探索——以文化头脑风暴为例

一、以文化头脑风暴为核心的课题式教学概述

（一）头脑风暴法

“头脑风暴”一词最早出现于精神病理学领域，指的是精神病患者由于精神错乱表现出的状态，之后头脑风暴进一步发展，朝着自由联想演变，其目的是产生新观念及创新。1939 年，激发创造性思维的方法被提出来。具体的操作流程为：所有的人员以会议的形式开展，在畅所欲言、无拘无束的氛围内相互探讨、提问、回答，愉快的思考问题，通过思想碰撞、交流，激发参会人员的创意及灵感。

1. 头脑风暴法的基本原则

头脑风暴法的开展需要遵循以下原则：

（1）强化创意的优点评价

开展头脑风暴的目的是希望参会人员能发挥自我主观能动性，得到创意想法，重点营造无拘无束的氛围，强化创意的优点评价，避免相关的缺点评价，缺点评价往往会打击参会人员的积极性，造成对自己想法的犹豫。

（2）鼓励各种假想

当一个离奇的假想得到其他人的修正之后，或许可以付诸实施。因此，参会成员需要在自由、轻松状态下大胆说出自己的想法。

（3）尽可能多地积累各种假想

想法越多，可用的法案就越多，产生创意的可能性就越大。

（4）鼓励利用并改善他人的假想

通过思想的交流与碰撞，想法得到升华，集众人之力可以促使头脑风暴的价值最大化。

2. 头脑风暴法的特征

（1）参会人员设置在 5 ～ 10 人最佳。

（2）成员中领导不宜过多，往往给其他成员造成顾虑，担心自己的想法会被否定，难以形成自由、轻松的氛围。

（3）参会的人员最好来自不同的专业，因为不同专业人员的思维形式不同，通过思想交流与碰撞很容易获得有价值的方案。

（4）开展头脑风暴对主持人有较高的要求。主持人在主持过程中，需要引导参会人员严格遵守会议规则，会议冷场的时候需要适当引导，保持自由、热烈的气氛，打开参会人员的思维，促进更多创意思维的产生。

3. 头脑风暴在高校的应用

头脑风暴法受到很多国内企业的青睐，但效果并没有预期的好，究其原因是员工缺乏创新意识和创意思维。因此，头脑风暴运用于高校教学中非常有必要，这样可以促进学生解放思想，在活动中培养创新思维能力。

（1）头脑风暴的应用意义

头脑风暴在高校中的应用意义表现在以下几个方面：

首先，不同专业的大学生通过自由交流，拓展了自己的知识广度，开拓了事业，这样更好地满足用人单位的需求。

其次，通过头脑风暴法，可以促进学生突破原有的思维模式，不受应试教育的束缚，形成具有创新性的思维方式，提升学生的创新能力和学习能力。

再次，在自由、轻松的氛围中，可以激发学生的潜能，形成问题意识，自主发现问题、思考问题、解决问题，提升学生的问题解决能力，为之后应对复杂的工作环境奠定了基础。

最后，头脑风暴法还可以应用于高校的科研项目中，主动解决科研过程中的各种问题，培养学生的科研能力，在头脑风暴活动中，还可以培养学生的团队意识和合作精神，为产出更多的科研成果奠定了基础。

（2）美国一所国际学校的头脑风暴培训

美国一所国际高校有着宽松的教学环境，为轻松、活跃的课堂气氛奠定了基础。在进行头脑风暴教学时的教学环境也颇具特色，显示出注重交流的特点。教室的设计突出平易近人，不设主讲台。在交流过程中，有的人坐在高背椅子上，更多的人选择席地而坐，进入教室时，大家都是赤脚，充分显示出教师与学生、学生与学生之间的平等关系。进入教室之后，各个成员之间都是平等的、互助的关系。

在这所国际学校中，体现最多的就是头脑风暴相关的教育理念，体现在教学的各个过程之中。

①设计、调研——在这里，老师通常会用“头脑风暴”的思维方式进行相关的课题设计，注重课题的形象化，在设计时经常采用的方法是地图或目录形式，之后填充进去细节内容。设计强调趣味性，要针对不同的对象设计与之相适合的内容。

②做什么、怎么做——课题设计突出活动，强化实践性，主张让学生通过自身体验获得知识。现代教育和审美教育都强调个体体验，这是人们获得知识的主要途径。建构主义理论认为人脑不是容器，而是在原有的知识的基础上获得知识的重新建构。因此，体验是做什么和怎么做的前提。

③合作——课题的全过程需要合作完成，且尽量回避针锋相对的冲突。在这一团体之中，在自由、轻松的环境中，不断发挥团队精神。

④分享——体现出一种集体参与，集体分享成功的效应。例如，在规定的时间内用书籍搭建高塔，大家集思广益，尽最大努力搭建。在这一过程中，每个人都出谋划策，体现了每个人的智慧与努力。在分角色表演时，每个人需要就自己饰演的角色进行深入理解，能发挥自

己的主观能动性，将这个角色演活，在表演的过程中，在场的所有人也会体验角色的生动所在。

（二）课题式教学

建构主义者认为，知识的学习是个体根据自己已经建立的认知的基础上发展的，学习的过程正是学习者主动建构意义的过程。课题式教学是以建构主义学习理论为基础，在教学过程中，一方面是对新的知识进行意义上的建构，另一方面是对自己已有的认知结构进行重组与改造，形成新的认知结构。当然，新的认知结构因为个体的不同而呈现出不同的认知表现，每个人会根据自己的理解进行某一部分或者局部的建构。

从 20 世纪 70 年代开始，建构主义思想进一步发展，其标志性事件是以布鲁纳为代表的美国心理学家将苏联心理教育学家维果斯基的相关理论成果引入美国，促进了美国教育学的发展。

维果斯基是苏联著名的教育学家，他在心理学上强调社会文化、历史等对个体发展的作用，维果斯基认为，高级的心理机能主要来自于外部动作的内化，这种内化一方面通过教学实现，另一方面通过日常的劳动、游戏、生活实现。内化之后形成的智力进一步指导人的实际行动，实现了外化、内化、转化的过程，而这一过程促进人类活动的升级。维果斯基的另一个重要的理论就是“最近发展区”理论，该理论对理解教育与发展之间的关系有着积极的意义。

另一位有名的学者维特罗克提出了学习的生成过程理论，他认为，学习的过程是人主动建构信息的过程，是对信息的主动学习，学习者通过长时记忆内容与已有经验，对新的信息进行加工整合，逐渐转化为长时记忆，建构已有经验。古宁汉认为，学习的过程是建构内在心理表征的过程，学习者对知识的学习并非刻板搬运，而是在已有知识的基础上有所建构，产生新的理解。这一观点运用在今天的知识建构中，更多地表现为在具体情境中形成非正式的经验背景，还将他们看成是建构的目标和基础。

建构主义者认为教学过程中需要遵守以下教学原则：

1. 注重教学设计，突出知识结构

首先需要设计整体性的任务，引导学生进行问题的解决。学生在解决问题的过程中将整体任务进行分解，形成多个子任务，并且确定各个任务需要的子任务。在教学中，要选择与学习者有关的问题，同时提供给学生解决问题的各种工具，学生可以采取自主探索或者小组探索的方式，掌握一些解决问题的知识技能，并且在这个知识技能的基础上，增强解决问题的能力，最终实现问题的解决。

2. 注重情境式教学

情境式教学要求营造出与现实情景相类似的情境，以此解决学生在现实生活中遇到的问题，而派给学生的任务具有真实性，需要在现实的环境中以问题形式展开。由于具体问题一般与不同的概念原理紧密相关，因此，在情境式教学过程中应当弱化学科之间的界限，强化学科间的融合。这种教学的过程与现实的问题解决过程相类似，所需要的工具往往隐含于情景之中。教师不用将内容以理论形式教给学生，而是在课堂上展示出与专家解决问题相类似的探索过程，提供解决问题的工具，指导学生在探索中实现问题的解决。

情境式教学有以下优点：

首先，情境式教学的任务是真实的，学生需要解决问题，具有主人翁意识，而多个子任务共同形成整体任务，具有挑战性，解决了所有的问题对于学生来说很有成就感。

其次，情境式教学与普通的课堂教学相比相对复杂，更容易培养学生解决问题的能力。

最后，情境式注重合作。情境式教学重视在教学中教师与学生以及学生与学生之间的相互作用，注重合作，提倡交互式教学。对于教师来说，在教学过程中要促使学生超越自己的认识，通过小组讨论，不断地反思自己，更新自己的观念，建构新的能力。

建构主义理论给了课题式教学诸多的启示，主要表现在以下几个方面：

首先，建构主义主张身份的转化，一方面，教师不再是课堂的主宰者，教师需要成为“主导者”，知识问题的提出者和学生的引导者。另一方面，学生成为教学的主体，在活动中需要发挥自己的主观能动性，积极解决问题。这样，教师与学生的关系是平等的、融洽的。

其次，重视学生的感情、兴趣及已有的知识体系，只有这样才能完成知识构建。同样，在教材编写、教学方法上，将重点放在学生身上，围绕学生的兴趣、能力养成、学习目的去安排教学。

最后，搭建情景体验性、合作式平台，以激发学生的兴趣，帮助学生更好地融入课题式教学中。

在对外汉语课堂上，将头脑风暴法引入课题式教学中具有积极的意义，具体的方法可以是根据不同的课题设置不同的由中国文化元素组成的场景，通过各种创意性想法来营造中国文化场景，透过文化的体验来学习语言。要营造这样的文化场景需要教师尽可能多地掌握中国文化的相关素材，根据教学内容引导学生设计、参与相关的活动，从活动中加深体验，从活动中学习语言。

中国文化因为悠久的历史、深厚的文化底蕴受到世界各国的青睐，越来越多的人开始关注中国文化，并且喜欢上了中国文化。在对外汉语学习中加入中华文化元素可以扩大中国文化的影响范围，也使得汉语言的学习变得有成效。

要想深层次地了解汉语言，就需要了解其背后的文化，且在汉语言使用过程中，人们不会在意因为某个音节、发音问题而发难，却会因为文化上的错误而耿耿于怀，比如成语的乱用、在特定的场合说了禁忌语等。因此，学习汉语言从本质上说是学习了一种文化，其最终的目的也是交际。

（三）以文化头脑风暴为核心的课题式教学基本程序

头脑风暴切入文化而展开的课题式教学需要一定的讨论程序与规则，一般来说，要组织文化头脑风暴需要六个环节。

1. 确定课题

要确定文化头脑风暴，需要有一个好的问题，因此在开展头脑风暴活动时，要确定一个共同的目标，在活动时始终围绕着该目标进行，明确需要解决的问题，同时不要限制解决问题的范围。在确定课题时，越具体的课题越能使参与者更快地产生联想，教师也容易把握。课题的选定范围在兴趣与文化的结合点上下功夫。

2. 课前准备

课前准备包括三个方面。

（1）资料准备

可以准备一些资料供参会者参考，了解所讨论的课题的背景材料，进一步保证头脑风暴的效果。

（2）活动场所布置

活动场所的座椅可以排成圆桌形式，方便大家近距离交流。

（3）测验题准备

教师还可以准备一些测试题，以供大家思考，同时起到活跃气氛，促进思维的发展。

3. 确定人选

参加活动的人数控制在 8 ～ 12 人，这是适宜的人数，人数太多不容易有发言的机会，人数太少不利于更多信息的交流。

4. 分工合作

活动设主持人、记录员、参与者。

（1）主持人

活动需要配备 1 名主持人，主持人在活动开始时宣布讨论的议题和规则，在活动中进行适当的引导，掌握活动的进度。主持人还负责归纳发言人的核心内容，提出自己的设想，将讨论推向高潮。

（2）记录员

记录员是将所有有创意的想法进行归纳并编号，简要记录想法，最好能写在众人能看到的地方，记录员应当提出自己的真实想法，不能持旁观态度。

（3）参与者

参与者全程围绕着课题进行讨论，大胆表述自己的想法，对与自己相左的观点，需要客观对待，不可感情用事。

5. 制定规则

学生在头脑风暴活动中也要遵守相应的规则，因此要制定明确的规则，例如：

（1）不消极、不旁观、集中注意力。

（2）勇敢表达自己的想法。

（3）不要私下讨论，影响他人发言和思考。

（4）发言时对事不对人，不需要客套。

（5）同学之间相互尊重，平等相待。

6. 时间分配

主持人需要具备把控时间的能力，一般的活动在几十分钟。如果时间太短，学生不能畅所欲言，时间太长容易产生疲劳感，影响讨论的效果。大量的实践得出，创造性和创意性较强的设想在 10 ～ 15 分钟产生，如果需要很长的时间，建议分成几个小课题分次进行。

此外，头脑风暴要想发挥其作用，关键在于探讨方式、心态的转变上。换句话说，还需要掌握这几个要点：

（1）课题需要趣味性。

（2）直观目录的设计。

（3）自由畅谈。

（4）延迟评判。

（5）不能批评。

（6）注重数量。

（7）可操作性活动设计。

二、以文化头脑风暴为核心的课题式教学模式思路设计

（一）汉字文化教学模式思路设计

这里选择的是单个的汉字——“口”，其具体的步骤包括以下环节：

1. 绘画和手工

（1）漫画

使用彩笔画出“口”（嘴巴）的形状，可以画出人的嘴巴和各种动物的嘴巴，找出嘴巴的特征——上下两瓣，有牙齿，是重要的器官，嘴巴里有牙齿和舌头，进一步掌握嘴巴的读音及含义。

（2）手工作业

通过各种小物件，如火柴、木棒、绳索、瓜子皮等贴出嘴巴的形状。还可以尝试粘贴各种动物的嘴巴。

（3）蒙眼游戏

在黑板上画出一个人的面孔，捂上眼睛，要求学生画出嘴巴来。

2. 实践活动

（1）摸人

带上眼罩摸人，并说出摸到人的名字。

（2）模仿

说出各种嘴巴的动作，一个人说，一个人模仿，如张嘴、闭嘴、歪嘴、翘嘴、圆嘴等。

（3）五官游戏

快速寻找五官，如：

吃东西——嘴

看东西——眼睛

听声音——耳朵

闻气味——鼻子

学生还可以通过比画动作来让对方猜，让对方快速指出器官的正确位置。

（4）传声筒游戏

一个同学看到字词后，小声地告诉身边的同学，身边的同学要告诉其他的同学，最后的同学用动作和语言来公布答案，这个字词一般是可以模仿的词语。

3. 语言文字实践

常见的成语、歇后语有：脍炙人口、口是心非、众口铄金、脱口而出、十字路口、三缄其口、口若悬河、口干舌燥、口蜜腹剑、信口雌黄、信口开河、有口皆碑、苦口婆心、目瞪口呆、口诛笔伐、缄口不言、苦口良药、风口浪尖、异口同声、张口结舌、虎口拔牙、出口成章、交口称赞、赞不绝口、口耳相传、祸从口出、矢口否认、朗朗上口、病从口入。

关于嘴巴的歇后语有：嘴巴上挂笼嘴——吃不开、嘴巴上抹蜜——说得甜、嘴巴含匕首——出口伤人、大象的嘴巴——合不拢、嘴巴子上锁——难开口。

4. 关于“口”的头脑风暴图形

可以引导学生从不同的侧面对“口”进行头脑风暴，如“口”加一笔和加两笔组成的字。“口”组出字词，可以分为第一层和第二层，第一层为简单的组合词语，第二层为引申词语，有一定的难度，如图 6–1 所示。

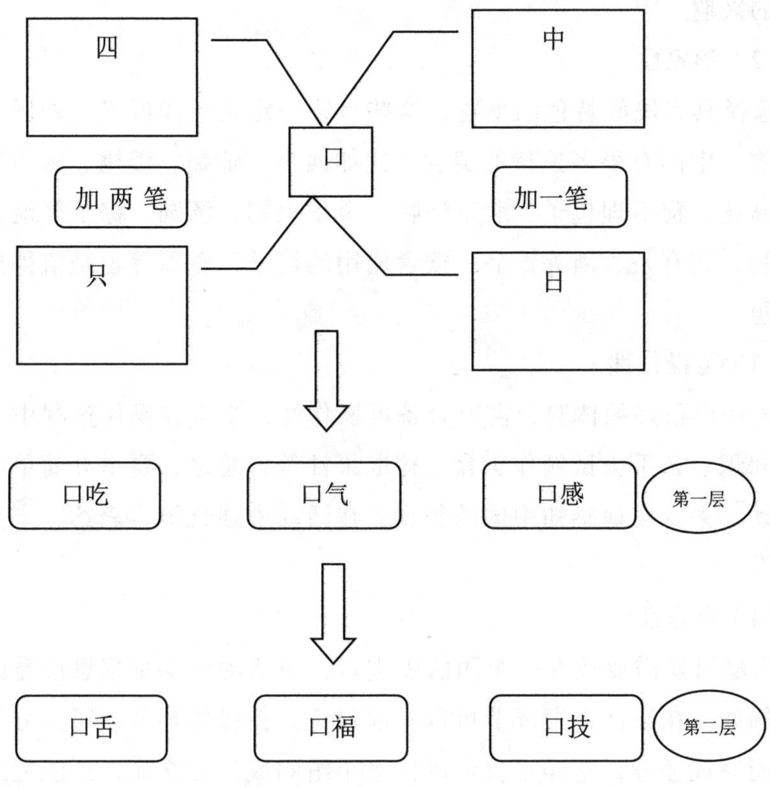

图 6–1　“口”的头脑风暴

（二）饮食文化教学模式思路设计

1. 基本原则

（1）趣味性

趣味性一直是学习最好的动力，在趣味的推动下学习变得有趣，也更加有效率。在确定文化头脑风暴时，要了解学生的身心发展特征、学习任务、兴趣爱好，这样才能更好地把握课题。饮食文化源远流长，成为中国文化的重要组成部分。中国俗语有“民以食为天”“食不厌精”等说法，使得中国的饮食文化有了独特的魅力，蕴含着深厚的文化底蕴。而饮食文化与留学生的日常紧密联系在一起，可以通过饮食激发学生的兴趣。

（2）形象性

选择具有民族特色的事物，这些事物一定是色泽鲜艳、外形有美的事物。中国有很多独特的美食，比如西瓜、葡萄、樱桃、杨梅等水果，麻花、狗不理包子、北京烤鸭、金华火腿、汤圆、粽子等地方特色食物，还有茶、酒等饮品。饮食使用的筷子、瓷器等也是值得探讨的课题。

（3）可操作性

要获得很好的体验，需要具备可操作性，学生在操作过程中掌握文化知识。亲手尝试制作美食、榨取果汁等，总之，要举办简单可行的活动，去真实地感知中国的美食，在活动中强化语言表达，丰富表达思维。

（4）合作性

头脑风暴需要放在一个团队中进行，该活动一定是集思广益的结果，例如，在设计方案环节可以一起讨论，在操作环节，通过分工合作共同完成任务，这样不仅可以促进小组间成员的交流，还能促进学生汉语的表达，掌握交流的技巧。

（5）体验性

体验性强调学生的主体性，学生只有获得真实的体验，才能在体验中掌握汉语语言技巧，例如，通过榨汁，体验水果的各种味道，通过模拟超市，在模拟买卖中认识各种特色食品，这样学生的记忆更加深刻，不容易遗忘。

2. 资料收集

文化头脑风暴课题式教学模式的资料收集可以从不同的渠道获得。

（1）实物收集

准备一些现有的实物，比如一些常见的水果和实物。

（2）网络资源

对于一些比较复杂的饮食，可以通过网络资源获得，如《舌尖上的中国》纪录片，选择学生感兴趣的美食播放，让学生感受美食制作工艺及文化体验。

（3）动手加工

一些简单的食物可以通过亲身制作来获得，比如饺子、面条等。

（4）杂志获得

可以从美食杂志中剪下一些食物的图片，这样可以模拟各种美食，为模拟超市提供物质素材。

3. 具体设计思路

（1）字词相关的头脑风暴如表 6–1 所示。

表 6–1　汉字头脑风暴示例

维度	大类	小类	举例
词语类	食物系列	水果	木字旁：桃、杏、梨、樱桃、橙子
			草字头：葡萄、荔枝、草莓、菠萝
		蔬菜	草字头：芹菜、番茄、莲藕、西葫芦、菠菜等
			带瓜的词组：黄瓜、北瓜、南瓜、西瓜、金瓜、佛手瓜、吊瓜、丝瓜、苦瓜
		动物	象形字：牛、羊、犬、马
			虫子旁：蝴蝶、蚂蚱、蚊子、蛇、蜘蛛
			带鱼的词组：鲤鱼、草鱼、鲢鱼、金鱼
			月字旁：胖、腿、脸
			鸟字旁：鸡、鸭、鹅、鸽子
		食品	“饭”字旁：馒头、饺子、馄饨
			带米的词组：玉米、大米、江米、香米、小米、黑米
			特色食品：包子、饺子、汤圆、面条
			特色菜肴：荷叶鸡、烤乳猪、荷包蛋、鱼香肉丝、宫保鸡丁
	饮品系列	茶	龙井、红茶、绿茶、普洱茶、茉莉花茶
		白酒	老白干、二锅头
	形状系列	大、小、方、圆	

续 表

维度	大类	小类	举例
词语类	感知系列		酸、甜、苦、辣、咸、冷、热
	色彩系列		赤、橙、黄、绿、青、蓝、紫
	动作系列		请、吃、喝、走、谢谢、干杯
	厨艺系列		煎、炸、煮、烤、熬、蒸、炒、烩
	炊具系列		锅、瓢、案板、刀、炉子
	餐具系列		筷子、瓷器碗、盘子、杯子、勺子
词性	名词		包括食物系列、炊具系列、餐具系列所有词语
	动词		包含动作系列的所有词语
	形容词		大、小、方、圆、赤、橙、黄、绿、青、蓝、紫、酸、甜、苦、辣、咸、冷、热
	数词		1 ～ 10
	量词		斤、个、杯

（2）活动设计

饮食文化头脑风暴课题式教学可以进行以下活动：

①手工粘贴汉字

准备一些胶水，指定相关的象形字、会意字等结构简单，且具有典型概念的字词进行粘贴，粘贴好之后，用彩笔画出该事物的简笔画。

②制作不同种类的卡片

可以制作一些动物、美食、水果、器具等卡片，首先，先用彩笔画出时令水果，也可以画上中国特色的事物，画完之后给图片上色，之后将图片剪下来进行粘贴，有条件的学校可以将图画封装起来，制成卡片。

③模拟超市买卖场景

分成若干个组，同时进行，“售卖人员”先准备好相关的物品，这些物品可以用实物代替，也可以是绘制的卡片、手工模型等。卖家需要说出要购买物品的名称，“售卖人员”才能将物品卖给买主。其他的组可以观摩并评价。

④包饺子

饺子是中国人的美食，包饺子也是一个可操作性的活动，因此，可以组织学生一起包饺子。首先需要准备材料，如馅料和面团。以小组为单位包饺子，其中一个人压皮，其余人包饺子。待饺子包好之后一起分享劳动成果。

⑤榨汁

分成小组准备一些材料和器具，对现有的水果进行加工榨汁，品尝果汁味道，能成功表达果汁的味道。

⑥问候游戏

所有的人一起围成一个大圈，在开始游戏之前讲清楚规则——指定一个人前往问候其中一个人，同时要伴随肢体语言问候：“你好，你来自哪里？”对方回答：“你好，我来自中国。”回答的时候也要伴随肢体语言。等问完之后，被邀请者变成邀请者邀请下一个人，使用同样的问候语：“你好，你来自哪里？”注意肢体动作需要变化，不能重复上一位邀请者的动作。

三、教学评价

（一）体现了中国元素

在头脑风暴活动中，要最大限度地体现中国特色文化元素，围绕着中国特色展开，所引申的东西其最终的目的为中国汉字和文化服务。例如，中国的传统美食——饺子、剪纸、喜庆的红色以及好看的灯笼，这些都是可以代表中国文化的符号。

（二）体现了趣味性

选取的都是学生较为熟悉的内容，学生对这些事物比较熟悉，也能从中找到乐趣。通过歌曲来学习语言，也是一个有效途径，通过学习美妙旋律的歌曲。感受歌词的魅力，可以更好地融入中国文化之中。例如，歌曲《茉莉花》曲调优美、内容独特。首先这首歌曲在海外有着广泛的影响力，许多留学生曾经听到过这个旋律。其次，这首歌歌词也较为简单，留学生能明白歌词的含义。

（三）具有可操作性

对于一些简单的制作工艺，可以引导学生在操作中掌握语言及文化内涵。在课题式教学中适当穿插活动，平均一次课观察一个活动，充分调动留学生的积极性，许多活动都可以尝试着进行。例如，挑选自己的属相剪成剪纸，在剪纸过程中再穿插相应属相文化，还学到了新词，这样的语言学习对参与者来说非常轻松。

第七章　基于文化的对外汉语教师队伍建设

第一节　对外汉语教师的知识与能力培养

对外汉语教师是教学活动的主体，在教学中发挥着主导作用。影响教师综合素质的因素包括教师的知识结构及能力，可以说这些因素直接关系着对外汉语教学的质量与效果。

一、对外汉语教师的知识结构

对外汉语教师应当具备的知识结构包括专业知识、教学理论知识等，如图 7-1 所示。

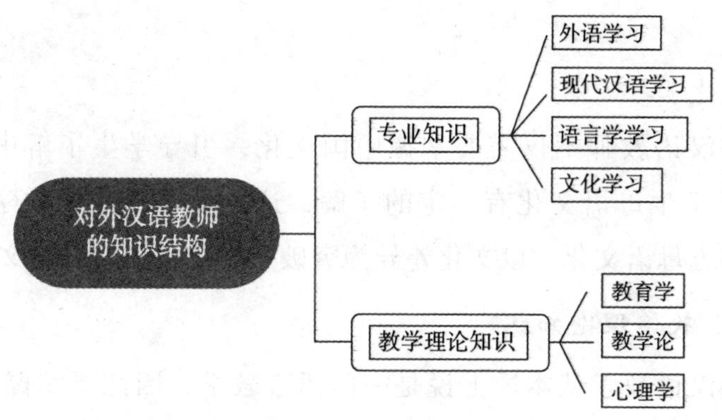

图 7-1　对外汉语教师的知识结构

（一）专业知识

对外汉语教师需要对学科有广泛而准确的认识，能熟练掌握相关的技能、技巧。对外汉语教师只有掌握了相关专业知识后，才能更好地根据实际情况设计教学，才能在课堂上关注学生的状态，掌控教学进度。另外，教师的专业知识学习还表现在教师能了解当前对外汉语学科的前沿知识，掌握最新的研究成果，把握好未来的发展动向。

对外汉语教师的专业知识主要包括四个方面的内容。

1. 外语学习

对外汉语教师应当具有较强的外语运用能力。因为外语是教师与留学生沟通的桥梁，教师通过外语能更好地表达汉语的语用及意义。因此，对外汉语教师需要掌握外语的基本知识及技能，以方便交流。

2. 现代汉语学习

对外汉语教师需要掌握基本的汉语知识与技能，包括语音、语法、词汇、文字等方面的知识，熟练掌握听、说、读、写方面的技能，并将汉语知识与技能结合起来进行对外汉语教学。

3. 语言学学习

语言学知识包括语言学、社会语言学、心理语言学、应用语言学等。

4. 文化学习

对外汉语教师不仅需要掌握中国文化，引导学生了解中国文化，还要对留学生母语文化有一定的了解，这样在对外汉语教学过程中，能尊重对方母语文化，以文化差异为突破点学习汉语及汉语文化。

（二）教学理论知识

对外汉语教学从本质上说是一门语言教学，因此要掌握一定的教学理论。实践证明，掌握一定的教学理论能有效提高教学质量和教学效率。

著名的教育家魏书生曾经说过："我的教学不过是雕虫小技，只要认真学习教学理论，把教与学的规律搞清楚了，人人都可以有上百种方法把学生教好。"教书育人涉及一系列有关教育学、心理学、哲学等理论方面的问题，越思考越觉得自己所面临的未知领域极其广阔、新奇，这更激励我潜心于教学实践与理论学习中，探讨教书育人的真知。

魏书生的教学实践证明教学理论对教学的重要性，只有潜心于教学理论，才能掌握更多的教学方法，提高教学效率。

从教育学角度看，教学理论包括教育目的、教育属性、教育功能、教育对象、教育环境等。

从教学论角度看，教学理论包括教学内容、教学过程、教学方法、教学原则、教学组织形式等。

从心理学角度看，心理学包括教育心理学、认知心理学，如图 7-2 所示。

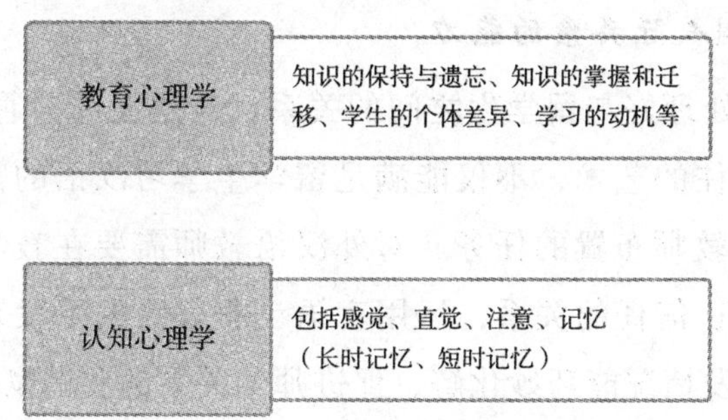

图 7-2　心理学角度的教学理论

二、对外汉语教师的能力培养

对外汉语教师的能力培养包括以下几个方面的内容。

（一）加工教学内容的能力

对外汉语教学并非将对外汉语教材的内容原封不动地灌输给留学生，而是要有针对性地选择教学内容，以满足留学生的需求。一般来说，留学生现有的知识水平与需要掌握的教学内容之间有着一定的距离，教师教学的作用是缩短这一距离，因此，在内容的选择和教学方法上，教师需要仔细斟酌，以便留学生更好地学习。这些能力包括对教学内容的取舍、教学的难点与重点、安排教学活动、教学任务的设计等。

（二）胜任教学工作的能力

除了课堂教学之外，对外汉语教师还需要从事与教学相关的工作，如课程开发、教材研发、课后练习、编制试题等。这些工作，一方面，与教学工作密切相关，是教学工作的延伸，需要教师具有胜任教学工作的能力；另一方面，通过这些工作，可以有效提高教师查漏补缺的能力，更好地运用于教学上，进一步提高对外汉语的课堂效率。

（三）协调人际关系的能力

教师需要处理好与留学生之间的关系，这是促进沟通的重要因素。教师要懂得交往的艺术，不仅能满足留学生学习汉语的需求，还能帮助留学生完成教师布置的任务。对外汉语教师需要在教学过程中建立起平等、尊重、信任的关系，运用言语、非言语的手段来表达自己的想法，遇到突发情况能巧妙化解，促进师生关系的和谐发展。

（四）掌控教学过程的能力

对教学过程的掌控能力，直接决定着教师是否占据主导地位，一般来说，对外汉语教师对教学过程的掌控能力包括三个方面。

其一，对留学生的控制。对外汉语教师应当观察班内留学生的思想动向及情绪状态，掌握课堂教学情况，因势利导，达成预期的教学目的。

其二，对教学情景的控制。情景包括物理空间与社会气氛，物理空间表现为一定的环境、场景；社会气氛包括师生、生生之间的相互配合及碰撞。对外汉语教师需要根据现有的物理环境创设情景，以此来增强教学效果。对外汉语教师需要创设一个良好的教学环境，实现和谐的师生关系，促进汉语教学效率的提高。

其三，对自己的控制。教师需要掌控自己的情绪，在遇到课堂突发情况时能从容应对，控制好自己的心境及情绪，营造良好的教学环境。

（五）运用多媒体的能力

对外汉语教学课堂是以多媒体技术为基础的课堂，给对外汉语教学带来了全新的体验，大大丰富了教学手段及教学方法。对外汉语教师需要掌握一定的多媒体操作技能，紧跟时代潮流，精进教学模式，激发留学生学习汉语的兴趣。

（六）科学研究的能力

对外汉语教师不仅需要教好书，还需要加强科学研究方面的能力培养，只有这样对外汉语教师才能不断成长为专家型教师。对外汉语教师需要以课堂为主要研究基地，善于总结教学中的经验，处理好教学中遇到的实际问题，从中掌握汉语教学的一般规律，更好地解决实际教学问题。

第二节　对外汉语教师的基本素养

对外汉语教师的基本素养包括情感素养、心理素养、技能素养、人格素养四个方面，如图 7–3 所示。

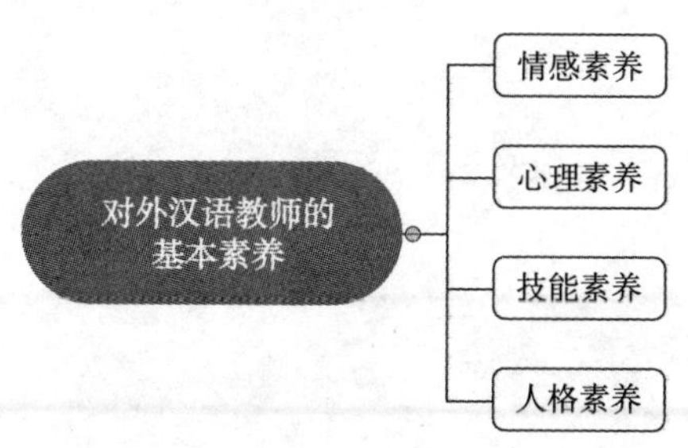

图 7–3　对外汉语教师的基本素养

一、情感素养

所谓情感，是指人体通过外界刺激所产生的心理活动，人的认知行为是基于一定的生理、心理活动将其作用于客观事物，进而产生的结果，缺少其中任何一环都难以完成认知活动。在一定情感的作用下才能产生活动，因此情感是维系师生双方活动的纽带，同时是教学的灵魂。在对外汉语教学中，教师的情感素养包括四个方面的内容。

（一）真诚

爱学生是教师从事教学的前提，对学生真诚的爱，是一种教育力量，同时是教师良好心理素质的体现。学生对教师的情感方面的需求，远远超过了对教师知识水平的要求。因此，对外汉语教师需要真诚地对待学生，关爱每一位学生。

（二）移情

移情是指教师将自己的情感通过一定的手段让学生感知到，从而促使两者意识的融合。移情的重要性表现为，能使学生站在他人的立场上，设身处地为别人着想。教师在对外汉语教学中，要充分利用移情作用，帮助留学生理解更多的内容。通常情况下，移情分为对教材的移情、对学生的移情、对课程的移情，如图 7–4 所示。

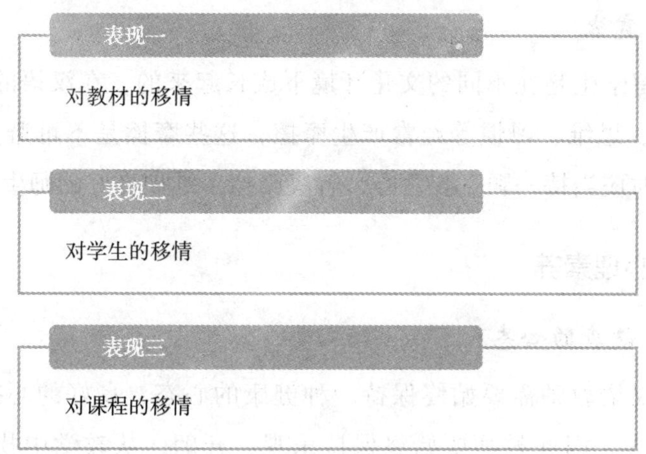

图 7-4 移情的表现

1. 对教材的移情

对教材的移情表现为对教师需要对教材的内容进行深度解读，了解教材的思想及艺术特色，能在讲课的时候运用自如。

2. 对学生的移情

对学生的移情表现在对外汉语教师能站在留学生的角度，了解留学生的认知策略、认知水平、观察留学生的情感，从而进行针对性教学。

3. 对课程的移情

对外汉语教师长期从事对外汉语教学，在具体实践中积累了丰富的经验，在生活和工作中，如果遇到和自己所教学科有关的东西都能引发联想，运用到自己的教学中去，使得教师上课越来越得心应手，这就是对课程的移情。

（三）平等

教师与学生之间是一种平等的关系，这种平等的关系应当贯穿于整个教学过程中，表现为教师尊重课堂上的每一位学生，从而建立和谐的师生关系。

（四）宽容

由于留学生是在不同的文化环境下成长起来的，在汉语的语境下，由于观念、思维、习惯等经常产生摩擦，这些摩擦是不可避免的，但遇到摩擦时应当持一颗宽容之心，解决摩擦，维护良好的师生关系。

二、心理素养

（一）健康的心态

对外汉语教师需要始终保持一种健康的心态，良好的心态对学生的影响很大，因此教师要始终保持乐观、开朗，从教学中找到美感、成功感与崇高感。将教师的职业道德体现在对外汉语教学上，持续保持良好的态势。

（二）良好的性格及情绪

对外汉语教师应当养成良好的性格，这样才能培养亲和力，为良好的师生关系奠定基础。此外，在教学实施中，对外汉语教师要善于调节情绪，教学的过程中需要处理许多突发场面，有时因为教学压力，当学生的表现没有达到预设的结果时，会导致教师产生一种消极的情绪，这种消极情绪如果不加调整会影响课堂的效率，还可能影响教师的工作及生活，因此，对外汉语教师需要掌握调节情绪的方法及技巧，不断提高自己的抗压能力。

（三）坚强的意志

意志品质对对外汉语教师来说非常重要，意志品质包括坚定、果敢、耐心、自信、坚强、沉着、自律等品质。其中，最重要的是耐心、自信、自律。

耐心表现为对外汉语教师对留学生在生活、学习上的悉心指导，能设身处地地为留学生考虑，保障留学生健康成长。

自信是对外汉语教师能充分利用自我知识及能力，保证教学的开展以及进一步引导留学生发展中国文化的魅力，从侧面说，自信的教师在言谈举止上更能吸引留学生的注意，进而对教师所教授的内容感兴趣。

自律是指教师在教学中、生活中能以身作则，“言必信，行必果”，这样能够在无形中推动留学生朝着这一方向努力。

三、技能素养

（一）普通话

对外汉语就是教授留学生学习汉语，是以标准的普通话为基础的汉语，因此，对外汉语教师需要使用标准的普通话，在发音吐字时以普通话为标准，做到发音准确、语速适中、语言流畅、口齿清晰、铿锵有力。

（二）计算机水平

多媒体已经成为对外汉语课堂教学的主要形式，对外汉语教师需要具备一定的计算机基础，通过运用多媒体，进行可见、图像、声音、动画、视频等方面的操作，更好地开展对外汉语教学。

（三）其他技能

学无止境，对外汉语教师的特殊性是引导留学生学习汉语，领略中国文化的博大精深，而中国文化并非只是一个领域，而是琴、棋、书、画等方面的展现。对外汉语教师不仅是专才，还是通才。对外汉语教师应当尽可能多地去储备知识与技能，这样才能丰富对外汉语教学课堂，有效提高对外汉语教学效率。

四、人格素养

对外汉语教师要想有良好的人格素养，就需要强化人格意识。人格意识是对外汉语教师对自己教师身份的认识，是指教师在社会生活中的地位及作用，还包括对外汉语教师的行为对学生产生的影响的全面认识。每一个教师都应当具备人格意识，有利于改进教师自身的行为。一般来说，教师的专业人格意识包含以下几个方面。

（1）献身教育事业的意识。

（2）提升教育智慧的意识。

（3）塑造专业精神的意识。

（4）确立教育主题的意识。

（5）倡导教育民主的意识。

（6）贯彻依法执教的意识。

（7）培养教育能力的意识。

（8）规范言谈举止的意识。

（9）训练心理能力的意识。

强化人格素养对于对外汉语教师来说，可以提升自身的影响力，使留学生在教师的影响下，也能向教师看齐，更加注重自身的修养。

另外，教师还要热爱留学生，要具备良好的道德修养、广博的专业知识、高超的教育能力，成为留学生广受欢迎的对外汉语教师。

第三节 对外汉语教师的角色定位

角色是指每一个位置上对应着一个角色。例如，一个男性在公司中是员工角色；在家庭中，对妻子来说，是丈夫角色；对孩子来说，是父亲角色；对父母来说，是儿子角色。因此，角色具有多重性。

教师角色是指教师在社会群体中的身份以及与之身份相适应的行为规范。教师是专门从事教育教学活动的人，教师不仅承担着教学的工作，还承担着育人的义务。因此，教师不仅承担教书的角色，还承担着各种各样的角色。

一、传道授业的角色

对外汉语教师要想教好留学生，就必须结合当前的教育背景正确认识自己的角色，力争成为新型的“传道授业者”。对外汉语教师的教学方向，一方面需要从重视知识的传授转向重视经验的传授，另一方面需要创设教学情景，帮助留学生提高汉语交际能力。对外汉语教师在开展汉语教学时，要注重留学生的创造能力，尊重留学生的个体差异性，因材施教，这样才能最大限度地开展教学。

与传统的对外汉语教师角色相比，新型的对外汉语教师应当在以下方面做出改变。

其一，教学主体的改变，由重视教师的“教”转向重视学生的“学”上。教师的“教”是辅助学生的“学”，当学生在探索的过程中遇到困难时，教师可以从中教授学生解决问题的方法，与传统的教学方式不同的是，教师不再直接将现成的知识教给学生，而是引导学生自主探索，通过各种尝试得出结论。

其二，观察学生。对外汉语教师应当充分了解每一位留学生的基本情况，针对留学生的具体情况来指导留学生的汉语学习，以此提高留学生的汉语能力。

其三，重视教学过程。对外汉语教师应当将教学效果由原来的只重视结果转向既重视结果又重视过程上。在教学开展中总结经验，及时发现问题并加以纠正，使留学生学到标准的汉字及语音。从文化角度切入，对外汉语教学帮助留学生了解中国文化，激发留学生的兴趣，为之后的语言学习奠定了基础。因此，对外汉语教师需要注重过程，帮助留学生更快融入汉语学习中，这在一定程度上也激发了留学生学习汉语的兴趣。

其四，多向信息交流。传统的对外汉语课堂注重知识的传输，通常互动较少，多是单向的教师讲、学生听的模式。现代教学模式下，对外汉语课堂由原来的单向信息交流变为多向信息交流。

其五，教学活动的改变。以往的教学活动主要由教师决定，较少考虑学生的情况，学生只能被动地参与。当下的对外汉语课堂主张平等、融洽，教学活动是师生共同参与的双边活动。

对外汉语教师应当充分尊重留学生的主体地位，尊重留学生的思想，使留学生在学习过程中，既能掌握相应的汉语知识及能力，也能获得智力的开发，情操的陶冶，促进留学生的全面发展。从这个意义上讲，教学过程是留学生掌握知识的过程，同时是留学生各种能力及素质提升的过程，因此，教学过程实际上是全面发展的过程。对外汉语教师应当致力于学生的整体素质的发展，为世界培养更多的跨文化交际人才。

二、领导者角色

关于领导者，不同的领域对领导者的定义不同，总结起来分为三种，如图 7–5 所示。

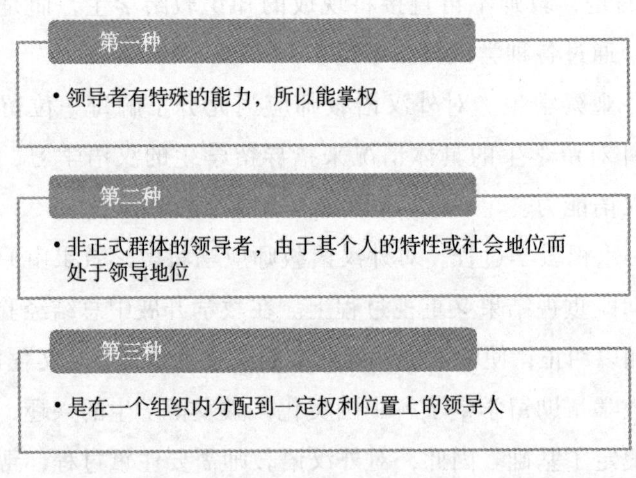

图 7–5　领导者的三种分析

教师的领导者角色属于第三种，在教学中，教师处于领导者的地位。教师的领导行为直接影响着学生群体、个体的活动。在教师的领导下，教师与学生之间建立起一定的交往模式、情绪情景，其领导的好坏直接影响着教育教学活动。如果一个班级充满着温馨与关爱，学生就能在这样的环境中轻松、自由地学习；如果教师有着明确的目标，学生也会积极配合进行有效学习，为了共同的目标奋斗。反之，如果班级纪律很差，学生的学习也会受到影响，直接导致学习效率的下降。显然，教师的领导者角色直接决定了学习效果。美国著名的心理学家班尼曾说："在达到学校目标上，教师执行领导行动的技能，也许比教学能力更为重要。"①

（一）对外汉语教师的个性影响力

在对外汉语教学中，对外汉语教师需要有效发挥教师的个性影响力，对外汉语教师的个性影响力包括品质、知识、情感、才能等方面。通常从静态和动态两个方面进行关照。

从静态方面看，教师已经具备一定的个性心理，包括道德品质、性格特征、知识结构、能力结构等。

从动态方面看，教师需要在教学过程中对学生产生影响，一般情况下教师的个性品质越好，对学生的影响力越大。

要提升教师的个性影响力，首先，要注重完善对外汉语教师的人格，教师需要不断追求自我完善，形成对自我的客观认识，在对外汉语教学实践中不断进步。其次，不断完善知识结构。全球化背景下，各国之间的联系越来越频繁，与之对应的跨文化交际的更新速度越来越快，对外汉语教师应当站在发展前沿去关照对外汉语这门学科，找到突破点进行深入研究，形成自己独特的教学风格，影响更多的留学生。最后，要与学生保持平等的关系，建立起民主、自由的师生关系。教师虽然是领导者，但并不意味着在教学过程中就要居高临下，这样的课堂并非民主的课堂，对外汉语教师应当表现出包容性，善于沟通，了解留学生的心理，促进良好师生关系的建立。

---

① 班尼．教育社会心理学[M]．昆明：云南教育出版社，1986：153.

（二）对外汉语教师的威信

对外汉语教师的威信与对外汉语教师的影响力之间有着密切的关系，对教学活动有着积极的意义。一般来说，对外汉语教师的威信越高，对留学生的影响越大。其对留学生的影响主要表现在以下几个方面，如图 7–6 所示。

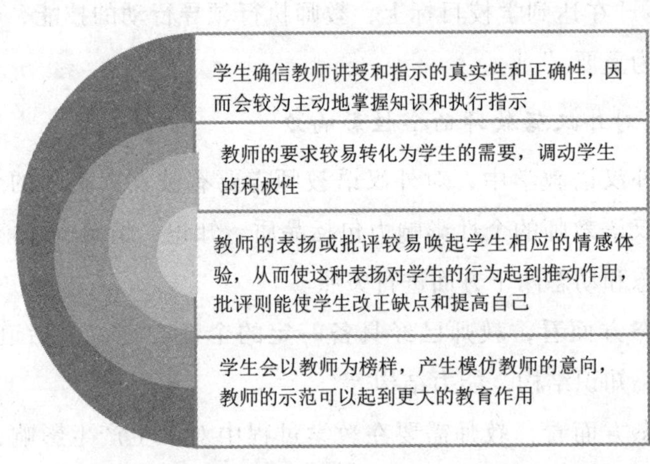

图 7–6　对外汉语教师的威信对学生的影响

教师的威信从根本上说由教师自身决定，教师的威信是其内在的心理因素及心理素质外化的结果，所以要想提高教师的威信，需要不断完善自我，不断优化教育行为，通过教学活动来提升自己的威信。有的老师不能正确看待威信，存在过分追求威信的现象，在教学开展过程中通过高压来建立威信，事实上，这些不仅不能促进教学的开展，还会使学生产生逆反心理。另外，对外汉语教学的对象是留学生，具有特殊性，因此更加注重威信的使用，在平等的基础上，用自己的专业水平与人格魅力去影响留学生。

三、心理疏导者角色

对于现代的对外汉语教师来说，具备对外汉语专业知识已经不再是衡量对外汉语教师教学水平的唯一标准，如何了解学生的心理成为考察一名老师是否优秀的标准。一般来说，学生有了心理问题会找专门的心理老师进行辅导，但对于留学生的一些心理困惑，教师可以承担一部分工作，这些工作贯穿于对外汉语教学中。

（一）具备心理辅导意识

教师要想做好心理疏导者的角色就要先具备拥有心理辅导意识，这是保障课堂教学顺利开展的前提。教师的心理辅导意识与课堂教学有着密切的关系。

随着时代的发展，心理辅导相关的理论及经验逐渐普及，尤其对于一线的教师来说，心理辅导相关的知识与经验有效促进了课堂教学效率的提高。如果在对外汉语教学中加入一些心理辅导的方法及技巧，围绕学生展开，彰显学生的主体性，在教学中通过聆听、关注、鼓励学生来组织课堂教学，从而实现对外汉语教学的提升。

教师的心理辅导意识在教学模式的设计方面起着积极的作用。对外汉语教学要实现本学科的教学目标，需要全面实现对外汉语的认知、行为、情感上的目标。大量的教学实践表明，渗透着心理辅导的课堂教学要比传统的单一的教学方式更受学生的青睐，通过开展多样化的教学模式，始终以学生为主体，从而实现新型课堂教学模式的构建。

对外汉语教师要想取得较好的教学效果，需要具备知识、逻辑、耐心、热情等，更需要构建融洽的师生关系。俗话说“亲其师，信其道”，外国留学生只有体会到教师对自己的关怀，才愿意走进课堂，跟着教师的节奏展开汉语学习。而对外汉语教师需要思考如何塑造一位可亲可敬，受到广大学生喜爱的教师形象，其中，有意识地与学生展开心灵的对话非常重要。

在当前的环境下，广大对外汉语教师已经通过不同的渠道来学习心理学相关的理论与技巧，并且将所学运用于对外汉语课堂上，通过观察留学生的心理特点，制定相应的对策，通过心理激励的方式，对留学生进行有效的鼓励，从而调动其学习的积极性。

在对外汉语教学课堂上，对外汉语教师的心理辅导意识可以引导教师去关注留学生各种心理发展，适时调整教学方案，以此来调动汉语课堂的积极性。要想推动心理辅导工作的开展，需要全体教师的参与和重视，加强教师心理辅导意识的培养，进一步推广心理学知识与技能，以达到每一位对外汉语教师都是一位“心理辅导者”的目标。当然，对外汉语教师的心理辅导意识还需要学校层面的重视，当前高校应当加强心理辅导工作的推进，帮助教师树立心理辅导意识，这样才能使教师在教学中有意识地运用心理学方面的理论与方法指导教学实践。

（二）承担“心理医生”角色

对外汉语课堂上，对外汉语教师应当营造一个平等、宽容、活泼的课堂氛围，帮助留学生缓解焦虑与紧张，以实现其心理上的满足。

教师的“心理医生”的角色主要表现在以下几个方面。

1. 辅导留学生的心理健康

（1）心理健康的标准。

（2）不同应激源对学生心理健康的影响。

（3）个体应对能力在心理健康中的作用。

（4）生活方式。

（5）人际交往。

（6）个人应对能力。

2. 辅导学生的身心健康

（1）学生认知发展。

（2）学生情绪发展。

（3）学生人格发展。

（4）学生心理结构发展。

3. 以心理干预为中心的辅导

（1）就业、择业压力辅导。

（2）焦虑情绪辅导。

（3）抑郁情绪辅导。

四、朋友角色

朋友角色是建立在平等的基础上，教师需要扮演一个平等、热心、耐心等的朋友角色，表现为教师对学生的喜爱、宽容与理解。教师的朋友角色定位为“亦师亦友”，教师不能因为朋友关系而无原则地迁就学生，当学生出现问题时要及时疏导，避免进一步恶化。教师在与学生交往的过程中也要记住教师的身份，不能没有底线，纵容学生的不良行为。

五、父母角色

外国留学生离开了父母到异国求学，自然将家长的一些特征转移到教师身上，如在困惑的时候向老师倾诉，希望获得安慰和指导，在留学生看来，教师有一定的威信，并愿意向他们倾诉，会对他们产生一定的依赖。

对外汉语教师应当承担起父母角色，帮助留学生指导其人生困惑，指出应该做的和不应该做的。对外汉语教师需要站在自己和留学生的角度考虑，给出适当的关爱，以满足留学生心理上的需求。

这里，对外汉语教师需要把握适度原则，即教师虽然在一定程度上承担着父母的角色，但教师毕竟不是父母，不能突破底线，因此，对外汉语教师的角色又是双层角色。

六、榜样

学生具有“向师性”的特点，即会在学习和生活中有意或者无意模仿教师的行为，这一特性就要求对外汉语教师要成为留学生的榜样。

教师的一言一行影响着学生的行为，因此，对外汉语教师应当努力成为一名自尊自爱、坚韧不拔、乐观积极的人，以此影响更多的留学生。

每一个教师都希望成为学生喜欢的教师，教师需要不断调整自己的行为，通过不断学习来充实自己，以适应教学的不断变化。同时，要不断总结经验教训，熟练掌握各种技能，调动各种情感，成为一名优秀的对外汉语教师。

参考文献

[1] 乐守红 . 中国传统文化传播与对外汉语教学 [M]. 长春：吉林人民出版社 , 2019.
[2] 邵华 . 对外汉语教学概论 [M]. 成都：电子科技大学出版社 , 2016.
[3] 周新玲 . 词语搭配研究与对外汉语教学 [M]. 上海：上海大学出版社 , 2016.
[4] 姜丽萍 . 对外汉语教学论 [M]. 北京：北京语言大学出版社 , 2008.
[5] 程棠 . 对外汉语教学目的、原则、方法 [M]. 北京: 北京语言大学出版社 , 2000.
[6] 王治理 . 传统文化与对外汉语教学 [M]. 厦门：厦门大学出版社 , 2008.
[7] 唐智芳 . 文化视域下的对外汉语教学研究 [M]. 长沙：湖南师范大学出版社 , 2014.
[8] 李晓琪 . 对外汉语文化教学研究 [M]. 北京：商务印书馆 , 2006.
[9] 葛星 . 中国文化场景中的对外汉语教学模式 [M]. 东营：中国石油大学出版社 , 2007.
[10] 吴平 . 对外汉语教学中的文化词语 [M]. 北京: 世界图书北京出版公司 , 2012.
[11] 安小可 . 跨文化交际 [M]. 重庆：重庆大学出版社 , 2018.
[12] 傅其林，邓时忠，甘瑞瑗 . 汉语国际教育导论 [M]. 重庆：重庆大学出版社 , 2015.
[13] 李晓琪 . 汉语作为第二语言教学的跨文化交际研究 [M]. 北京：商务印书馆 , 2019.
[14] 李晓琪 . 对外汉语文化教学研究 [M]. 北京：商务印书馆 , 2006.

[15] 李庆本 . 中外文化比较与跨文化交际 [M]. 北京: 北京语言大学出版社 , 2014.
[16] 毕继万 . 跨文化交际理论研究与应用 [M]. 北京: 北京语言大学出版社 , 2014.
[17] 孙德坤 . 汉语作为第二语言教学的教师发展研究 [M]. 北京：商务印书馆 , 2019.
[18] 张和生 . 对外汉语教师素质与教师培训研究 [M]. 北京：商务印书馆 , 2006.
[19] 吴应辉，牟岭 . 汉语国际传播与国际汉语教学研究 上 [M]. 北京：中央民族大学出版社 , 2011.
[20] 李春雨 . 汉语国际教育语境中的文化张力 [M]. 北京：世界图书出版公司 , 2019.
[21] 王丕承 . 汉语国际教育师资格培养理论和实践问题研究 [M]. 北京：中国书籍出版社 , 2018.
[22] 原一川 , 原源 , 杨林伟 . 汉语国际教育学习与教学动机和策略研究 [M]. 昆明：云南大学出版社 , 2015.
[23] 陈学广 . 汉语国际教育专业建设与教学研究 [M]. 南京：东南大学出版社 , 2020.
[24] 张艳莉 . 汉语国际教育案例分析与点评 [M]. 上海：上海外语教育出版社 , 2020.
[25] 李春雨 . 中国当代文化传播与汉语国际教育 [M]. 北京：文化艺术出版社 , 2020.
[26] 姚喜明 . 全球背景下的语言文化交流（第 2 辑）[M]. 上海：上海大学出版社 , 2010.
[27] 杨德爱 . 语言与文化 [M]. 昆明：云南大学出版社 , 2020.
[28] 冯学芳 . 中国语言与文化 [M]. 武汉：武汉大学出版社 , 2019.
[29] 吴应辉，牟岭 . 汉语国际传播与国际汉语教学研究（上）[M]. 北京：中央民族大学出版社 , 2011.

[30] 刘东青 . 对外汉语教材开发与研究纵览 [M]. 北京：华语教学出版社，2016.
[31] 李泉 . 对外汉语教材通论 [M]. 北京：商务印书馆 , 2012.
[32] 李泉 . 对外汉语教材研究 [M]. 北京：商务印书馆 , 2006.
[33] 刘丁溢 . 汉语语构文化及其在对外汉语教学中的应用 [J]. 西部学刊，2022 (5):119—122.
[34] 周惠萱 . 传统节日在对外汉语教学中的分析 [J]. 文化产业 ,2022(6):64—66.
[35] 刘卓 . 互联网时代对外汉语线上教学研究 [J]. 汉字文化 ,2022(4):86—87.
[36] 崔宏 . 加强中华传统文化在对外汉语教学中的讲授 [J]. 文学教育（下），2022(2):49—51.
[37] 冯嘉妮 . 对外汉语教学中跨文化交际能力的培养研究 [J]. 作家天地，2022 (5):82—84.
[38] 姚珊珊 . 对外汉语线上线下结合教学模式初探与实践 [J]. 汉字文化，2022 (3):79—80.
[39] 崔月月 . 对外汉语教学中的谐音文化教学 [J]. 汉字文化 ,2022(3):77—78.
[40] 张佳宁 . 对外汉语被动句偏误分析 [J]. 汉字文化 ,2022(2):95—97.
[41] 冀文秀 , 黄文卫 . 对外汉语词汇教学中隐形文化词及其教学策略研究 [J]. 汉字文化 ,2021(24):88—89.
[42] 黄锦 , 郭思妤 , 白彩艳 . 地域文化在对外汉语文化教学中的应用——以贵州文化为例 [J]. 文化创新比较研究 ,2021,5(36):187—190.
[43] 李卓远 . 对外汉语教学中人文素养的提升 [J]. 文学教育（下）, 2021(12):84—85.
[44] 陈霁婷 . 体验式教学法在对外汉语文化教学中的应用研究 [D]. 烟台：烟台大学 , 2021.
[45] 凡红 . 对外汉语教学中渗透地域文化的社会意义分析 [J]. 江西电力职业技术学院学报 , 2021, 34(11):33—34.

[46] 黄钰 . 文化体验式教学在对外汉语教学中的应用 [J]. 文学教育（上）, 2021(10):162—163.

[47] 刘畅 , 王英杰 . 体验型文化教学在对外汉语教学中的应用 [J]. 品位 · 经典 , 2021(18):134—137.

[48] 王文杰 . 茶文化在对外汉语教学中的应用探究 [J]. 福建茶叶 , 2021,43(9):138—139.

[49] 熊一蓉 , 许慕竹 . 对外汉语教学中中国茶文化的传播探究 [J]. 福建茶叶 , 2021,43(9):285—286.

[50] 连成亮 . 来华留学生汉语教育中的文化传播策略 [J]. 大众文艺 , 2021(17):167—168.

[51] 张芝兰 , 李晓琴 . 文化视域下的对外汉语教学研究 [J]. 汉字文化 , 2021(16):85—86.

[52] 郭亚丽 . 试论对外汉语教学中的文化教学 [J]. 产业与科技论坛 , 2021, 20 (15):158—159.

[53] 高航 . 对外汉语听说课文化教学的重要性及注意事项分析 [J]. 文化学刊 , 2021(7):183—185.

[54] 刘雨佳 . 浅谈对外汉语教学中的中外文化交流 [J]. 国际公关 , 2021(7):121—123.

[55] 李晓玫 . 文化视域下的对外汉语教学研究 [J]. 百科知识 ,2021(18):70—71.

[56] 岳岚 , 张西平 . 汉语作为第二语言教学史研究三十年概观 [J]. 海外华文教育 , 2019(6):3—10.

[57] 张念 . 汉语作为第二语言教学交际法教学模式研究 [J]. 北方文学 , 2019(12):198—199.

[58] 殷佩蓓 . 论对外汉语教学中的语言教学及文化传播 [J]. 才智 ,2019(7):16.

[59] 何佳 . 浅析对外汉语教学中的文化教学 [J]. 戏剧之家 ,2018(21):147—148.

[60] 刘悦森，王建欣，吴希斌．汉语国际化下对外汉语教材的编撰与出版策略 [J]. 中国编辑 ,2021(6):55—60.

[61] 曾庆香．跨文化传播：内涵错层与价值冲突 [J]. 河北大学学报（哲学社会科学版），2022,47(2):146—153.

[62] 包静．国际汉语教学理论与实践方法探究 [J]. 机械设计，2021, 38(5):158.

[63] 陈萍．目的语环境优势在对外汉语教学中的作用 [J]. 环境工程，2022, 40(2): 273—274.

[64] 王晓明．二语习得环境与对外汉语教学 [J]. 环境工程 ,2022,40(2):284.

[65] 王俊．对外汉语教学中的课堂教学管理探究——评《对外汉语教学概论》[J]. 中国教育学刊 ,2022(2):109.

[66] 史艳云．跨文化意识与跨文化交际人才培养——评《跨文化交际理论研究与应用》[J]. 领导科学 ,2021(21):126.

[67] 刘飞．对外汉语教学中的跨文化意识培养——评《跨文化交际与国际汉语教学》[J]. 热带作物学报 ,2021,42(4):1270.

[68] 潘乐英．中国传统文化与对外汉语教学结合之探——评《对外汉语文化教学研究》[J]. 中国高校科技 ,2021(8):108.

[69] 任倩．对外汉语中级阅读教学中的文化导入 [D]. 武汉：华中科技大学，2015.